FRANCKE

Ross Campbell

Kinder sind Persönlichkeiten

Geistliche Begleitung durch die Kindheit

Neu bearbeitete Ausgabe

FRANCKE
Verlag der Francke-Buchhandlung GmbH

Die Deutsche Bibliothek - CIP-Einheitsaufnahme
Campbell, Ross:
Kinder sind Persönlichkeiten : geistliche Begleitung durch die Kindheit /
Ross Campbell . [Dt. von Christiane Bartning O'Brien]. -
Neu bearb. Ausg., - Marburg an der Lahn : Francke, 2000
(Francke-Ratgeber)
Einheitssacht.: How to really know your child <dt.>

ISBN 3-86122-450-X

Neu bearbeitete Ausgabe 2000

Originaltitel: How to really know your child
© 1987 by SP Publications, Inc., Wheaton, USA
© der deutschsprachigen Ausgabe
1989/2000 by Verlag der Francke-Buchhandlung GmbH
35037 Marburg an der Lahn
Deutsch von Christiane Bartning O'Brien
Umschlaggestaltung: Reproservice Jung, Wetzlar
Foto: Mauritius
Satz: Verlag der Francke-Buchhandlung GmbH
Druck: Schönbach-Druck GmbH, Erzhausen

Francke-Ratgeber

Inhaltsverzeichnis

Vorwort

Als ich das Manuskript dieses Buches zum ersten Mal las, dachte ich: „Endlich einmal ein Buch, das sowohl ultraliberale als auch ultrakonservative Theorien über christliche Kindererziehung verwirft."

Heutzutage werden wir mit so vielen Theorien über erfolgreiche Kindererziehung bombardiert, dass die meisten Eltern völlig verwirrt sind – und das zu Recht. Was wir brauchen, sind keine Theorien, sondern vernünftige Ratschläge, die sich in die Tat umsetzen lassen. Wir suchen nach christlich-ethischen Maßstäben und praktisch anwendbaren Ratschlägen, mit deren Hilfe wir die uns anvertrauten Kinder in ein verantwortungsbewusstes Erwachsenenleben hineinführen können. Ich bin Dr. Ross Campbell sehr dankbar, dass er der Öffentlichkeit die vorliegende Orientierung anbietet.

Ich muss gestehen, dass ich zu Beginn nicht allzu begeistert war von der Idee, dieses Buch zu lesen. Meine erste Reaktion war: „O nein, nicht noch ein Buch über Kindererziehung!" Meine Kinder sind bereits im Teenageralter und daher habe ich bereits viele aktuelle Bücher über Kinder und Teenager gelesen. Außerdem konnte ich im Laufe der Zeit durch die Arbeit mit jungen Menschen in unserer Gemeinde viele Erfahrungen sammeln, sodass ich glaubte, nicht mehr viel dazulernen zu können. Dennoch war ich besorgt um unsere jungen Menschen, nicht nur in unserer Gemeinde, sondern in unserer ganzen Nation.

Welche Fehler machen wir im Umgang mit ihnen? In welche Richtung verläuft ihre geistliche Entwicklung? Wie können wir als Eltern und Christen auf ihre geistliche Entwicklung Einfluss nehmen? Ich war angenehm überrascht, als ich in diesem Buch auf all diese Fragen Antworten fand.

Dr. Campbells vernünftige Ratschläge haben mich sehr beeindruckt, aber am meisten hat mich seine aufrichtige Sorge um unsere jungen Menschen bewegt. Dieses Buch ist keine kalte, klinisch-analytische Abhandlung, sondern ein warmherziger und kluger Aufruf an uns, mit dem Christentum in der Familie zu beginnen.

Unsere Familien werden nur dann sicheren Bestand haben, wenn wir praktisches Christentum zum Fundament unseres Lebens machen. Dr. Campbell vermittelt uns die Erkenntnis, dass bedingungslose Liebe, wie Christus sie uns vorlebte, beim Bau dieses Fundamentes am Anfang stehen muss.

Kinder sind Persönlichkeiten hat mich viele Dinge gelehrt. Ich habe nicht nur neue Einsichten über meine eigenen Kinder gewonnen, sondern konnte auch anhand der Darstellung anderer Eltern und ihrer Probleme mir selbst bekannte Schwierigkeiten wieder entdecken.

Ob Sie Kinder oder Enkel haben, ob Ihr Kind zwei oder zweiundzwanzig Jahre alt ist, dieses Buch sollten Sie unbedingt lesen.

Connie Jenkins
(Pfarrfrau und Mutter von drei Teenagern)

1. Werden Ihre Kinder den christlichen Glauben annehmen?

Und als auch jenes ganze Geschlecht zu seinen Vätern versammelt war, kam ein anderes Geschlecht nach ihnen auf, was den Herrn nicht kannte, noch die Werke, die er an Israel getan. (Richter 2,10)

Sichtlich nervös betrat das gut gekleidete Paar mittleren Alters mein Büro.

Nach einem raschen Blick in meinen Terminkalender wusste ich ihre Namen: John und Mary Perkins. Dazu hatte ich mir notiert, dass sie eine fünfzehnjährige Tochter hatten, die schwanger war.

Sie nahmen mir gegenüber an meinem Schreibtisch Platz. Mary, eine attraktive Blondine, kam mir bekannt vor. „Sind wir uns nicht schon öfter begegnet?", fragte ich.

Sie lächelte gequält. „Ich habe Ihnen mehrmals in „Michael's Restaurant" einen Tisch angewiesen."

„Ach ja, Sie arbeiten dort um die Mittagszeit als Empfangskellnerin. Und dort haben wir uns letzte Woche gesehen." Daraufhin wandte ich mich an John und erkundigte mich nach seinem Beruf. „Ich bin Buchhalter", antwortete er.

„Mit Ihnen kann man also immer rechnen", erwiderte ich in der Hoffnung, dass dieses kleine Wortspiel die Atmosphäre etwas auflockern würde.

Wir redeten noch ein oder zwei Minuten über belanglose Dinge und stellten dabei fest, dass wir gemeinsame Freunde in ihrer presbyterianischen Kirchengemeinde hatten.

Ich warf einen kurzen Blick in meine Notizen und wandte mich dann an Mary: „Sie sind gekommen, um über Ihre Tochter Ann zu sprechen. Erzählen Sie mir von ihr."

Der Mutter stiegen Tränen in die Augen. „Oh, Dr. Campbell, sie ist erst fünfzehn Jahre alt, hat erst vor einem Jahr die Mittelschule verlassen, sie ist das jüngste unserer vier Kinder – und jetzt ist sie schwanger! Was sollen wir nur tun?"

Die Worte sprudelten förmlich aus ihr heraus und sie tupfte dabei ununterbrochen mit einem Taschentuch ihre Augen. „Wir haben unser Bestes getan, um Ann gute Eltern zu sein. Wir haben beide jahrelang gearbeitet, um ihr und ihren Geschwistern die schönen Dinge des Lebens bieten zu können. Wir haben sie in die Sonntagsschule und zum Gottesdienst mitgenommen. Wir haben ihr Klavierstunden bezahlt und sie im Sommer ins Ferienlager geschickt. Sie ist so schön und hat so viele Begabungen. Aber wie sollen wir nur mit *dieser Sache* fertig werden?" Ihre Stimme erstickte unter ihrem Schluchzen, während ihr Mann sich auf seinem Stuhl wand.

„Ich weiß einfach nicht, was wir falsch gemacht haben", fügte John Perkins hinzu. „Warum hat sie sich selbst in solch eine Lage gebracht? Warum ist sie nur so trotzig geworden? Sie lehnt jede Hilfe ab, die ihre Mutter und ich ihr anbieten."

Nach ungefähr einer Stunde im Gespräch mit John und Mary wurde mir klar, dass sie Ann zwar wirklich liebten, aber sie begingen den Fehler, ihr ihre Gefühle lediglich durch materielle Zuwendungen zu vermitteln. Sie waren ganz aufrichtig davon überzeugt, dass dies eine ausreichende Entschädigung für den Mangel an Zeit und Anteilnahme an ihrem persönlichen Leben war, die sie eigentlich ihrer Tochter hätten widmen sollen.

Als ich später mit Ann sprach, bestätigte sich mein Verdacht. Ann hatte nicht den Eindruck, dass ihre Eltern sie liebten und dass sie ihnen etwas bedeutete.

„Ich weiß nicht, warum ich schwanger geworden bin. Ich hätte es verhindern können – ich bin schließlich aufgeklärt", sagte Ann trotzig. „Vielleicht wollte ich nur als Person etwas gelten, so wie meine Mutter. Vielleicht dachte ich, wenn ich Mutter wäre, wäre ich wichtig – *jemand* würde *mich* lieben."

Im darauffolgenden Monat kamen John, Mary und Ann wöchentlich zur Beratung. Zunächst verliefen die Sitzungen sehr zurückhaltend und über Gefühle wurde nur selten offen gesprochen. Ann hatte gewöhnlich wenig zu sagen und zeigte ganz offen ihre Wut und Enttäuschung. Aber nach zwei oder drei Wochen wurde sie allmählich aufgeschlossener.

„Kannst du dich noch an den Abend erinnern, an dem das Mutter-Tochter-Bankett stattfand, Mutter?", fragte Ann. „Du konntest nicht kommen, weil du mit Vati zu diesem Buchhalter-Seminar – oder was immer es war – gehen musstest. Ich war die Einzige, die nicht in Begleitung ihrer Mutter kam!"

„Aber Ann", warf Mary ein, „wir haben doch darüber gesprochen und ich habe dir das schöne gelbe Kleid dafür gekauft. Ich war überzeugt, es würde dir nichts ausmachen, wenn ich Vati begleite."

„Es hat mir sehr wohl etwas ausgemacht! Ihr seid einfach nie für mich da, wenn ich euch brauche. Die Eltern meiner Freunde fahren uns immer zu Sportveranstaltungen und solchen Sachen, aber ihr kommt nie auf die Idee, uns mit dem Auto zu fahren. Ich muss immer bei anderen eine Mitfahrgelegenheit schnorren. Nie fahrt ihr meine Freunde und mich irgendwohin."

„Moment mal, Ann", erwiderte ihr Vater. „Du redest ja, als würden wir nie etwas für dich tun. Ich weiß zufällig, dass du eine ziemlich gute Klavierspielerin bist. Wer hat dich denn zu all den Klavierstunden gebracht? Wer hat sie alle bezahlt?"

„Ist ja toll, Vati. Wie willst du eigentlich wissen, ob ich überhaupt Klavier spielen kann? Das letzte Mal, als du einen Klaviervortrag von mir besucht hast, war ich zehn Jahre alt!"

Während solcher Ausbrüche verließ John oft das Zimmer. Aber allmählich begannen sowohl Mary als auch er die Gefühle ihrer Tochter zu verstehen. Sie erkannten, dass die *materiellen Dinge,* die sie Ann gegeben hatten, kein Ersatz waren für Liebe und persönliche Zuwendung, die sie in Wahrheit brauchte. Sie waren nicht auf Anns emotionale Bedürfnisse eingegangen.

Glücklicherweise gaben sich John und Mary viel Mühe, Verständnis für Anns Problem aufzubringen und fanden Wege, an ihrem Leben Anteil zu nehmen. Als Ann die Liebe und Fürsorge ihrer

Eltern nun täglich zu Hause erlebte, brach das Eis in ihrem Inneren und sie wurde in Gesprächen offener und zugänglicher.

Es war ein langsamer und schmerzvoller Prozess, aber Ann und ihre Eltern lernten sich auf diese Weise zum ersten Mal wirklich kennen. Ihr aufrichtiger Wunsch, zu einer liebevollen Familie zusammenzuwachsen, war der Schlüssel zum Erfolg der Beratungsstunden. Anns Wut ließ allmählich nach, als sie erkannte, dass ihre Eltern sie liebten. Dieses Wissen und das Gefühl der Selbstachtung, das Ann nun empfindet, wird sie durchtragen und ihr in den schweren Tagen, die vor ihr liegen, Kraft geben.

Ann ins Ferienlager zu schicken, ihr Klavierstunden zu ermöglichen und ihr ständig neue Kleider zu kaufen, konnte ihre emotionalen Bedürfnisse in keiner Weise stillen. Sie hatte sich zu einem wütenden, enttäuschten Teenager entwickelt, der emotionale Zuwendung außerhalb der Familie suchte. Wenn John und Mary bis dahin glaubten, dass zwei Stunden Gottesdienst jeden Sonntag und ein Aufenthalt im Ferienlager der Gemeinde ausreichten, um Anns geistlichen Bedürfnissen entgegenzukommen, waren sie jetzt vor die Tatsache gestellt, dass sie damit nur ihre Zeit verschwendet hatten. Anns Wut und ihre Ablehnung jeglicher Autorität hinderten sie daran, sowohl geistliche Lehre als auch Ratschläge von ihren Eltern anzunehmen.

Kennen wir unsere Kinder wirklich?

Anns Geschichte ist – abgesehen von einigen geringfügigen Abweichungen – leider nur allzu typisch für viele Familien in unserer heutigen Zeit. Eltern sind so sehr mit ihren eigenen Problemen beschäftigt und vom Stress und den Belastungen des Alltags so sehr in Anspruch genommen, dass es ihnen nicht in den Sinn kommt, einmal innezuhalten, um mit ihren Kindern ein Gespräch zu führen. Die *emotionalen* Bedürfnisse vieler Kinder bleiben aus diesem Grund dann leider unberücksichtigt. Darauf reagieren sie mit Wut und Niedergeschlagenheit.

Diese jungen Menschen suchen die Befriedigung ihrer Bedürfnisse dann außerhalb der Familie. Dagegen ist im Allgemeinen auch nichts einzuwenden, denn junge Menschen brauchen Freunde. Wenn aber die Eltern diese Freunde noch nicht einmal kennen, dann wird die Lage oft bedenklich. Ein Teenager, der sich von seinen Eltern nicht geliebt fühlt, steht in großer Gefahr, in den Bannkreis von Drogen, Sexualität, Lügen, Betrug oder Diebstahl zu geraten.

Einige Zahlen können dies vielleicht verdeutlichen: In einer Umfrage hier in Amerika wurden 8000 elf- bis fünfzehnjährige protestantische Jugendliche befragt. Bei den Fünfzehnjährigen glaubten 87 Prozent, dass Jesus Christus der Sohn Gottes ist, der am Kreuz starb und wieder auferstand. Das ist doch eigentlich ein ganz positives Bild, nicht wahr? Leider werden von denselben jungen Menschen im Alter von achtzehn Jahren nur noch 20 Prozent von sich selbst sagen, dass sie Christus nachfolgen oder sich auf irgendeine Weise als Christen bezeichnen. Die anderen 80 Prozent haben in diesem Alter ihren christlichen Glauben verloren.

Vor dem Zweiten Weltkrieg spielte das Christentum in Europa ungefähr eine ebenso bedeutende Rolle wie heute in den Vereinigten Staaten, wenn nicht eine noch größere. Aber heute liegt zum Beispiel in England die Zahl der regelmäßigen Gottesdienstbesucher nur noch bei unter zehn Prozent. Der Islam hat seit den achtziger Jahren stetig zugenommen und entwickelt sich in diesem Land zu einer gewaltigen Kraft.

Die Kirchengeschichte des 20. Jahrhunderts zeigt, dass Europa den Vereinigten Staaten nur eine Generation voraus ist. Vor einer Generation sah sich Europa genau den gleichen Problemen der Kindererziehung gegenüber, die sich heute in den Vereinigten Staaten stellen. Ihre Kinder verloren ihre persönliche Beziehung zu Jesus Christus, ebenso wie es heute bei unseren Kindern der Fall ist.

Wie kommt es zu dieser Entwicklung? Warum wenden sich immer mehr junge Menschen vom Glauben ihrer Eltern ab? Ich bin fest davon überzeugt, dass der Grund für diese Entwicklung in unserer Kindererziehung zu suchen ist. Wir *kennen* unsere Kinder nicht richtig. Wir sprechen mit ihnen nicht über unsere wahren Gefühle; wir sagen ihnen nicht, dass wir sie lieben – und zwar bedingungslos.

Sobald es Ihnen gelingt, Ihrem Kind bedingungslose Liebe entgegenzubringen, werden Sie auch in der Lage sein, es in ein verantwortungsbewusstes Leben als Erwachsener hineinzuführen. Bedingungslose Liebe ist echte Liebe, auf die sich *jede* Liebesbeziehung gründen sollte.

Der Unterschied zwischen bedingungsloser Liebe und antiautoritärem Erziehungsstil

Wenn Sie Ihr Kind bedingungslos lieben, heißt das, dass Ihre Liebe von keinerlei äußeren Umständen beeinträchtigt werden kann. Sie lieben Ihr Kind, gleichgültig ob es groß oder klein, dick oder dünn, missgelaunt oder fröhlich ist – kurz gesagt, Sie lieben Ihr Kind ungeachtet seiner Schwächen, Stärken und Fehler. Bedingungslose Liebe bedeutet, dass Sie Ihr *Kind* lieben, aber nicht notwendigerweise in allen Fällen sein *Verhalten.* Eine vollkommene Definition der Liebe finden wir in 1. Korinther 13, 4-7: „Die Liebe ist langmütig und gütig, die Liebe beneidet nicht, sie prahlt nicht, sie bläht sich nicht auf; sie ist nicht unanständig, sie sucht nicht das Ihre, sie lässt sich nicht erbittern, sie rechnet das Böse nicht zu; sie freuet sich nicht der Ungerechtigkeit, sie freut sich aber der Wahrheit; sie erträgt alles, sie glaubt alles, sie hofft alles, sie duldet alles."

> *Ein Kind bedingungslos lieben heißt, dass die Liebe von keinerlei äußeren Umständen beeinträchtigt werden kann.*

Ein Kind, dem diese bedingungslose Liebe von seinen Eltern vorenthalten wird, wird zu einem zornigen und enttäuschten Kind. Es wird in keinem Bereich seines Lebens echte Erfüllung finden, auch nicht im geistlichen Bereich.

Denken wir noch einmal daran, wie Ann reagierte, als sie glaubte, nicht geliebt zu werden. Sie suchte die ihr vorenthaltene Liebe außerhalb der Familie und wurde schwanger. Sie war wütend auf ihre Eltern und wandte sich gegen sie und damit auch gegen ihre geistlichen Maßstäbe. In diesem Zusammenhang ist mir folgender Punkt wichtig: Der Glaube kann nicht isoliert und unabhängig von anderen Aspekten im Leben eines Kindes betrachtet werden.

Der geistliche Bereich ist nur *ein* Teil der Gesamtpersönlichkeit und wird durch die anderen Bereiche in starkem Maße beeinflusst. Unsere Kinder haben einen Körper, ein Gefühlsleben, eine Seele und einen Geist, und jeder dieser Bestandteile steht mit dem anderen in einer Wechselbeziehung.

> *Der Glaube kann nicht isoliert von anderen Aspekten im Leben eines Kindes betrachtet werden.*

Die Art und Weise, wie Sie Ihrem Kind helfen, mit Wut und Enttäuschung umzugehen und wie Sie auf sein von Natur aus antiautoritäres Verhalten in den Teenagerjahren reagieren, wird sich sowohl im geistlichen Bereich als auch im körperlichen und seelischen Bereich auswirken.

Die Ursachen, warum Teenager ihren Glauben verlieren, und die Beweggründe, die ihr Verhalten im geistlichen Bereich bestimmen, sind genau dieselben, die ihnen auch in anderen Bereichen ihres Lebens Probleme bereiten. Wenn Ihr Kind im Hinblick auf die Schule, auf pünktliches Nachhausekommen und andere Bereiche seines Lebens antiautoritär eingestellt ist, wird es auch dem Glauben gegenüber eine ablehnende Haltung einnehmen. Ich versuche, diesen Punkt allen Eltern klarzumachen, die zu mir zur Beratung kommen. Wenn es Ihnen gelingt, die Wut im Leben Ihres Kindes auf ein möglichst geringes Maß zu reduzieren, helfen Sie ihm, zu einem verantwortungsbewussten Christen heranzuwachsen. Bedingungslose Liebe ist die Haltung, die Eltern einnehmen sollten, um der kindlichen Wut entgegenzuwirken und sie auf das kleinstmögliche Maß zu begrenzen.

Die bereits erwähnte Umfrage zeigt, dass 54 Prozent der Eltern von Fünftklässlern ihren Kindern im Alltag nur sehr wenig körperliche und verbale Zuwendung zukommen lassen. Bei Jugendlichen der neunten Jahrgangsstufe geben nur noch 32 Prozent der Eltern ihren Kindern körperliche und verbale Zuwendung. Das Maß an Zuwendung und Fürsorge nimmt also gerade in dem Zeitraum ab, in dem die Jugendlichen diese am meisten benötigen. In dieser Zeit benötigen sie ein zunehmend größeres Maß an Selbstvertrauen und doch wird ironischerweise gerade dann ihre Selbstachtung in Frage gestellt, weil ihre Eltern ihnen so wenig Aufmerksamkeit schenken. Wie war es eigentlich bei Ann? Sie wollte nur, dass sich jemand einmal die Zeit nahm, um mit ihr zu sprechen. Auch die teuersten Jeans konnten ihre emotionalen Bedürfnisse nicht erfüllen.

Sie müssen nur einmal in eine Zeitung hineinschauen oder eine Nachrichtensendung im Fernsehen verfolgen, um festzustellen, wie sehr heutzutage eine autoritätsfeindliche Geisteshaltung überhand nimmt. Scheidung, Familienkonflikte, der Zusammenbruch moralischer Werte – all dies entspringt einer autoritätsfeindlichen Geisteshaltung und all dies beeinflusst auch das Leben unserer Kinder in starkem Maße. Sie brauchen sich nur einmal bestimmte Fernsehkanäle in den Vereinigten Staaten anzusehen, um den wichtigsten Einflüssen zu begegnen, denen unsere Kinder heute ausgesetzt sind – sie sind allesamt autoritätsfeindlicher Natur.

> *Heutzutage nimmt eine autoritätsfeindliche Haltung überhand.*

Dieselbe autoritätsfeindliche Haltung kann sich auch auf den christlichen Glauben Ihres Kindes auswirken. Ich wiederhole noch einmal:

Wenn ein Kind die Eltern, die Schule, ja überhaupt alles ablehnt, dann wird es auch geistliche Werte ablehnen. Nur wenn seine emotionalen Bedürfnisse gestillt werden und es spürt, dass es bedingungslos geliebt wird, kann die Entstehung zerstörerischer Wut und antiautoritärer Einstellungen verhindert werden.

Sie können Ihr Kind nicht zwingen, geistliche Werte anzunehmen, wenn es nicht Ihre Liebe und Fürsorge spürt. Eine harte Erziehung mit häufigen körperlichen Strafen, die den Trotz ungehorsamer Kinder zu brechen versucht, hat als Ergebnis zornige Kinder, die gegen den Glauben rebellieren, in dem sie erzogen wurden.

Leider wird ein solcher Erziehungsstil auch heute noch häufiger empfohlen, auch im christlichen Bereich. Wenn diese Erziehungspraxis jedoch weiterhin ausgeübt wird, sieht die Zukunft des Christentums düster aus. Es gibt nur einen Weg, die nächste Generation so zu erziehen, dass diese Menschen zu überzeugten Christen heranwachsen: Eltern müssen ihren Kindern im Alltag die Liebe und den christlichen Glauben täglich vorleben. Kinder aus solchen Familien werden den Glauben ihrer Eltern gerne übernehmen.

Ich spreche nahezu jeden Tag mit Kindern und Teenagern, die darunter leiden, dass sie sich nicht geliebt fühlen. Das Traurige daran ist, dass ihre Eltern davon überzeugt sind, das Beste für sie zu tun.

In ihrem Buch *What Are They Teaching Our Children? (Was lehrt man unseren Kindern?)* erinnern uns Mel und Norma Gabler daran, dass absolute Werte in öffentlichen Schulen nicht auf dem Lehrplan stehen:

Die einzige absolute Wahrheit in der modernen humanistischen Bildung besagt, dass es keine absoluten Werte gibt. Demzufolge müssen alle Werte in Frage gestellt werden, besonders solche, die in der Familie oder in der Kirche erlernt wurden. Verwerfen wir die Erfahrung, die in Hunderten von Jahren westlicher Zivilisation erworben wurde. Behandeln wir die Schüler vielmehr, als seien sie auf dem Gebiet ethisch-moralischer Werte primitive Wilde. Lassen wir sie ihre eigenen Werte auswählen aufgrund einseitig gefärbter, unzulänglicher Informationen. Nichts, aber auch gar nichts ist gewiss. Es gibt keine allgemein gültigen Regeln.

Es wird deutlich, dass die Gesellschaft unserer Jugend leider nicht die Wertmaßstäbe vermittelt, die sie braucht. Die Gesellschaft fördert emotionales und geistliches Wachstum nicht, sondern überlässt diese Aufgabe allein der Verantwortung der Eltern und der Gemeinde.

Die Alternativen, die die Gesellschaft anbietet, sind alles andere als vielversprechend, wie das folgende Beispiel aus meiner Beratung zeigt:

Glen Andrews, ein angesehener Arzt, saß zusammengesunken in seinem Stuhl, so als lastete das Gewicht der ganzen Welt auf seinen Schultern. „Wenn mir jemand vor sechs Monaten gesagt hätte, dass ich einmal im Sprechzimmer eines Psychiaters sitzen würde, um über die Drogenprobleme meines Sohnes zu sprechen, hätte ich ihm ins Gesicht gelacht", sagte er. „Ich hielt Andy immer für ein recht wohlerzogenes Kind. Mir jedenfalls schien er immer glücklich und zufrieden zu sein."

Peg Andrews saß neben ihrem Mann und spielte nervös mit ihrem Taschentuch. Der Schmerz, den sie in ihrem Inneren empfand, spiegelte sich auf ihrem Gesicht wider. „Was haben wir falsch gemacht, Dr. Campbell? Glauben Sie, dass Andrew vielleicht ein körperliches Problem hat, das ihn veranlasst hat, die Drogen zu nehmen? Sollten wir eine medizinische Untersuchung vornehmen lassen? Könnte er seine Neigung zum Drogenmissbrauch geerbt haben? Ach, ich bin völlig verwirrt. Ich weiß gar nicht, was ich denken soll!"

Ich wandte mich an Glen. „Sie haben vorhin gesagt, dass Andy immer glücklich zu sein schien und Ihnen nie viel Ärger gemacht hat. Ist Ihnen irgendeine Veränderung an ihm aufgefallen, bevor Sie herausgefunden haben, dass er Drogen nimmt?"

„Ich schätze, es ist ungefähr ein Jahr her, dass ich Peg darauf aufmerksam machte, dass sich seine Noten verschlechtert hatten. Ungefähr zu der Zeit fing er auch an, sich immer häufiger allein auf sein Zimmer zurückzuziehen. Ich machte mir nicht viel Gedanken darüber, weil ich es für eine vorübergehende Entwicklung hielt. Wir haben nicht viel Aufhebens davon gemacht."

„Vor ungefähr acht oder neun Monaten fiel mir auf, dass er sich einem neuen Freundeskreis angeschlossen hatte", fügte Peg hinzu.

„Es waren nicht gerade Freunde, die wir für ihn ausgesucht hätten, aber wir wollten uns nicht einmischen. Wir waren immer stolz darauf, dass wir Andy all seine Entscheidungen allein treffen ließen, und das schloss auch die Wahl seiner Freunde ein. Aber in den letzten zwei oder drei Monaten haben wir ihn kaum zu Gesicht bekommen, und wenn er einmal zu Hause ist, bleibt er auf seinem Zimmer. Wir glaubten, ihn auf eine faire, aufgeschlossene Art zu erziehen, aber seit wir die Drogen in seinem Zimmer gefunden haben, frage ich mich, ob wir nicht alles falsch gemacht haben."

Als Peg geendet hatte und auf meine Antwort wartete, ließ Glen den Kopf sinken. „Wissen Sie was? Ich spreche jetzt einmal eine Weile allein mit Andy und dann kommen Sie alle drei hier bei mir im Sprechzimmer zusammen. Verlieren Sie nicht den Mut. Wir tun alles, was wir können, um einen Ausweg aus dieser schwierigen Situation zu finden."

Glen und Peg verließen den Raum und ich winkte Andy herein. Er schlurfte ins Zimmer und sein langes, ungepflegtes Haar passte genau zu seinen verwaschenen, ausgefransten Jeans. Wir sprachen einige Minuten über Belanglosigkeiten und daraus entwickelte sich dann ein Gespräch, in dem schließlich auch seine Drogenprobleme zur Sprache kamen.

„Warum hast du deiner Meinung nach angefangen Drogen zu nehmen, Andy?" fragte ich.

„Einfach aus Langeweile, schätze ich", erwiderte er. „Seltsamerweise gibt es sonst nicht viel zu tun. Zu Hause kümmert es ja doch niemanden, wo ich bin oder was ich mache. Sie wissen nie, wohin ich gehe oder wann ich zurückkomme, und sie fragen auch nie danach." Als Andy Vertrauen zu mir gefasst hatte, erzählte er mir, dass er gerne zusammen mit seinem Vater etwas unternehmen würde, aber dass dieser immer zu beschäftigt sei. „Er will nichts mit mir unternehmen. Er hat viele Dinge zu tun, die für ihn wichtiger sind."

Solch eine Familiensituation versetzt mich immer in Erstaunen. Ich weiß, dass Glen und Peg gute Eltern sind. Sie haben versucht, Andy alle grundlegenden Lebensbedürfnisse zu erfüllen. Sie führen eine gute Ehe. Sie lieben und respektieren einander wirklich und doch ist irgendetwas fehlgeschlagen. Sie erkannten nicht, dass sie es versäumt hatten, Andy durch ihre Worte und ihre Handlungen zu vermitteln, dass sie ihn auch lieben und respektieren.

Glen, Peg und Andy kamen regelmäßig zu mir, und allmählich wurden sie sich ihrer Gefühle bewusst, die sie zuvor nicht ausdrücken konnten. Es wird eine Weile dauern, bis Andy sein Leben wieder in den Griff bekommt, aber ich habe Hoffnung für diese Familie, weil sie sich nicht scheut, um Hilfe zu bitten, und weil ein grundlegendes Fundament der Liebe vorhanden ist.

Die junge Generation zwischen Langeweile und Meinungsbombardement

Ich bin selbst Vater und kenne all die Anforderungen, die täglich an uns gestellt werden und die uns so wenig Zeit für unsere Familie lassen. Dennoch kann ich nicht genug betonen, wie wichtig es ist, dass wir Zeit mit unseren Kindern verbringen. Wenn wir zu beschäftigt sind, um unsere Kinder wissen und spüren zu lassen, wie sehr wir sie lieben, fügen wir ihnen großen Schaden zu. Wenn wir sie nicht in ausreichendem Maße an unserem Leben teilhaben lassen, reagieren sie mit Zorn, Niedergeschlagenheit und Langeweile. Sobald solche Gefühle in ihnen Raum gewinnen, sind sie überaus anfällig für negative Einflüsse.

Es ist wichtig, Zeit mit unseren Kindern zu verbringen.

In seinem Vortrag über den Drogenmissbrauch junger Menschen erklärte vor kurzem Polizeiwachtmeister Bud Hulsey, Jugendpolizist in Kingsport im Staat Tennessee: „Ich habe viele Eltern gefragt, was ihrer Meinung nach der Grund für den Drogenmissbrauch ihrer Kinder ist, und ich bekomme stets zwei Antworten: der Einfluss Gleichaltriger und die Flucht aus der Wirklichkeit. Aber von den vier- bis fünftausend Kindern, die ich gefragt habe, sagte nicht ein einziges, dass sie Drogen nähmen, weil andere Gleichaltrige sie beeinflussen oder weil sie der Wirklichkeit entfliehen wollen. Beinahe alle gaben zur Antwort, dass sie es taten, weil sie sich langweilten und dass es ihnen dabei um das Gefühl ging – sie wollten sich selbst in Hochstimmung versetzen."

Wenn Wachtmeister Hulsey vor Jugendgruppen spricht, ist es ihm besonders wichtig, den Teenagern klarzumachen, dass ein Mensch nicht nur aus seinem Körper besteht. „Ihr seid geistliche Wesen, emotionale Wesen, intellektuelle Wesen und körperliche Wesen. Wenn ihr also nur eure körperlichen Bedürfnisse befriedigt, werdet ihr geistlich, emotional und intellektuell unterentwickelt bleiben!"

Ich kann seiner Aussage nur zustimmen. Die Gesellschaft jedoch bombardiert unsere Kinder ständig mit der Botschaft, dass die Befriedigung ihrer körperlichen Bedürfnisse absoluten Vorrang habe. Sie hat den Kindern im Hinblick auf ihr geistliches, emotionales und intellektuelles Wachstum nichts anzubieten. Daher besteht die vordringliche Aufgabe der Eltern darin, diese Bedürfnisse zu erkennen und im Rahmen der Familie auf sie einzugehen. Der erste Schritt dazu besteht darin, dem Kind bedingungslose Liebe entgegenzubringen, denn nur dann ist eine gesunde Entwicklung des Kindes gewährleistet. Es wird dann nicht zu einem gelangweilten und niedergeschlagenen Teenager heranwachsen, sondern zu einem selbstbewussten, fähigen erwachsenen Menschen, der bereit ist, den Lebensstil und die geistlichen Werte seiner Eltern zu übernehmen.

Unsere nationale Moral in Amerika ist in den letzten Jahren so tief gesunken wie nie zuvor. In dieser kurzen Zeitspanne mussten wir erleben, dass Personen in Erziehungsfunktionen unseren Kindern eröffneten, ihre Körper gehörten ihnen allein und sie könnten damit alles tun, was ihnen gefällt, vorehelicher Geschlechtsverkehr eingeschlossen. Allein vor einem verantwortungslosen Vorgehen wird gewarnt, das heißt Schwangerschaften sollten nach Möglichkeit vermieden werden.

Unanständige Worte sind im Fernsehen an der Tagesordnung und in Filmen sind Sex und Obszönitäten die Regel. Früher waren solche Filme in Familienkinos nicht zugelassen, aber heute sind sie jedermann zu jeder Zeit zugänglich.

Teenager werden heutzutage mit Informationen bombardiert, von denen die Teenager vor etwa dreißig Jahren kaum jemals gehört hatten. Hinzu kommt noch, dass oftmals beide Elternteile durch ihre wirtschaftliche Lage gezwungen sind berufstätig zu sein und die Teenager aufgrund der geringen elterlichen Fürsorge eine noch nie dagewesene Freiheit genießen.

Ich weiß, dass meine Aussagen ziemlich düster und pessimistisch klingen, aber wir müssen den Tatsachen ins Auge sehen. Wenn wir es zulassen, dass Teenager weiterhin solch eine Haltung an den Tag legen, werden die Gemeinde und das Familienleben noch größeren Schaden nehmen.

> *Eine enge Beziehung zu unseren Kindern, die auf Christus ausgerichtet und auf Liebe gegründet ist, ist eine wichtige Grundlage dafür, dass sie als Erwachsene Christus nachfolgen.*

Es liegt an uns Eltern, unsere Beziehung zu unseren Teenagern einer genauen Prüfung zu unterziehen. Es liegt an uns, unsere Schwäche zuzugeben und zu versuchen auf eine Verbesserung hinzuarbeiten. Eine enge Beziehung zu unseren Kindern, die auf Christus ausgerichtet und auf Liebe gegründet ist, ist eine wichtige Grundlage dafür, dass sie im Erwachsenenalter Christus nachfolgen.

Kürzlich besuchte ich eine Konferenz nationaler Jugendleiter. Die meisten von ihnen machten auf mich einen pessimistischen und desillusionierten Eindruck. Viele gaben ihren Dienst auf. Bei den Leitern herrschte allgemein die Meinung vor, dass die heutigen Teenager in Amerika antriebslos und niedergeschlagen seien und Autoritäten gegenüber eine ablehnende Haltung einnähmen. Versuche, die Jugendlichen zu erreichen, seien wenig erfolgreich.

Diese Jugendleiter hatten den Eindruck, dass die meisten Jugendlichen in den Jugendgruppen unter Zwang in die Gemeinde gehen und dass nur die wenigsten von ganzem Herzen die geistlichen Überzeugungen ihrer Eltern teilen und eigene geistliche Werte anerkennen. Von den Teenagern in Jugendgruppen besuchen die meisten die siebte bis neunte Klasse – nur fünf von 150 gehören den letzten Jahrgangsstufen an. Was können wir diesen Zahlen entnehmen?

Wir können unsere Kinder nicht mehr so erziehen wie die Kinder vor fünfundzwanzig oder dreißig Jahren. Wir können sie nicht zum Gemeindebesuch *zwingen* in dem Bewusstsein, dass viele von ihnen irgendwann in ihrer Teenagerzeit rebellieren werden, und in der Hoffnung, dass die Gesellschaft sie dann auf den rechten Weg zurückführt. Dies wird nicht der Fall sein, denn die grundlegenden Werte werden in dieser Gesellschaft einfach nicht mehr vertreten.

Was sollen christliche Eltern tun?

Christliche Eltern suchen nach Wegweisung bei der Aufgabe, ihre Kinder zu einem lebendigen Glauben an Christus zu führen. Das Problem besteht darin, dass ihnen oftmals falsche Informationen gegeben werden. Manche christliche Autoren in den Vereinigten Staaten sind so übereifrig bemüht, den Eltern zu helfen, ihre Kinder wieder in die Gemeinde zu bringen, dass sie dabei die *Gesamtpersönlichkeit* des Kindes weitgehend außer Acht lassen.

Sie beschränken sich auf die Erziehung des Kindes in geistlichen Fragen und raten den Eltern dann manchmal, sie sollten ihre Kinder *zwingen* Gehorsam zu leisten, dann werde sich alles andere schon von selbst regeln, auch der geistliche Bereich. Genau das Gegenteil ist der Fall. Wenn man ein Kind *zwingt,* macht man es wütend und ein wütendes Kind wird eine autoritätsfeindliche Haltung einnehmen und gerade den entgegengesetzten Weg einschlagen.

Ein weiteres Problem, das ratsuchenden Eltern Schwierigkeiten bereitet, ist ihre Neigung, nur das zu lesen, was sie lesen wollen. Sie entnehmen ihrer Lektüre nur die Informationen, die mit ihrer vorgefassten Meinung zum Thema übereinstimmen. Viele Eltern glauben schon alles zu wissen, was es über Kindererziehung zu wissen gibt. Diese Eltern sind schwer zu erreichen, aber gerade sie müssten ihre Vorstellungen einmal aufrichtig überprüfen und unbiblische Überzeugungen aufgeben.

Die Ratschläge, die ich in diesem Buch anbiete, beruhen auf meiner achtzehnjährigen Erfahrung in der Arbeit mit Kindern und entspringen einem Gefühl aufrichtiger und tiefer Sorge um die Zukunft der Gemeinde und der Familie. Die traurige Wahrheit wird überall um uns herum sichtbar. Junge Menschen lehnen die geistlichen Werte ihrer Eltern ab und schlagen gerade den entgegengesetzten Weg ein. Diese Entwicklung lässt die Zahl der Christen in den Vereinigten Staaten heutzutage immer mehr abnehmen.

Eine Gallup-Umfrage zeigte, dass sich neun von zehn Amerikanern für Christen *halten,* und zwei Drittel glauben, dass sie die Ewigkeit im Himmel verbringen werden. Wir sollten uns von diesen Zahlen nicht täuschen lassen. Wenn man diese Menschen nach ihrer persönlichen Beziehung zu Jesus Christus fragt, sehen die Prozentsätze ganz anders aus.

Es ist die Aufgabe christlicher Eltern, die Grundlage dafür zu legen, dass ihre Kinder zu einer lebendigen Glaubensbeziehung zu Christus finden und einmal die gewisse Zuversicht haben können, dass sie Christen sind. Wenn Sie die in diesem Buch dargelegten Richtlinien befolgen und anwenden, legen Sie hierfür das richtige und uns Menschen mögliche Fundament.

Im Rahmen einer Fernsehsendung, die sich mit Teenager-Schwangerschaften beschäftigte, machte ein Arzt folgende Aussage: „Um dieses bedrückende Problem der Teenager-Schwangerschaften wirksam bekämpfen zu können, müssen wir die *Gesamtpersönlichkeit* des Kindes fördern. Noch vor dem Kindergartenalter müssen die Eltern der Kleinkinder dafür sorgen, dass sich ihre Kinder geliebt und angenommen fühlen. Nur so können sie ein Gefühl der Selbstachtung entwickeln. Dann und nur dann werden wir allmählich das gewaltige Problem der großen Anzahl von Teenager-Schwangerschaften in den Griff bekommen."

Das ist der Schlüssel: Wir müssen unseren Kindern liebevoll dabei helfen, ihre *gesamte* Persönlichkeit zu entfalten. Wir können uns nicht nur auf *einen* Bereich ihres Lebens konzentrieren in der Hoffnung, dass sich alles andere von selbst regeln wird.

> *Wir müssen unseren Kindern liebevoll dabei helfen, ihre gesamte Persönlichkeit zu entfalten.*

Das Ziel dieses Buches ist es, Ihnen dabei zu helfen, die Entwicklung der *Gesamtpersönlichkeit* Ihres Kindes zu fördern, damit es später als junger Erwachsener Ihre geistlichen Werte übernehmen kann. Machen Sie es sich bewusst zur Aufgabe, Ihr Kind auf ein christliches Erwachsenenleben hin zu erziehen, und führen Sie es dann liebevoll an dieses Ziel heran.

Das ist keine leichte Aufgabe, denn ich kann Ihnen keinen Zwölf-Punkte-Plan anbieten. Ich erteile vielmehr Ratschläge für christliche Eltern, deren aufrichtiger Wunsch es ist, dass ihre Kinder den Sinn und die Erfüllung in ihrem Leben finden, die nur der christliche Glaube schenken kann.

2. Eltern, erkennt euch selbst

So spricht der Herr der Heerscharen: Achtet genau auf eure Wege!
(Haggai 1,7)

Ihre eigene Einstellung zu sich selbst und Ihre eigene Selbstachtung spielen in der Beziehung zu Ihren Kindern eine große Rolle. Ellens Geschichte, die ich hier so weitergebe, wie sie selbst sie mir berichtet hat, wird Ihnen die Bedeutung der Selbsterkenntnis und insbesondere der Selbstachtung näher bringen.

„In meiner Familie war ich das jüngste von dreizehn Kindern. Man sollte meinen, dass alle Eltern, die bereits zwölf Kinder haben, nicht besonders glücklich über die Ankunft eines dreizehnten Kindes sind, aber meine Eltern waren eine Ausnahme. Ich spürte ihre Liebe und Fürsorge, daher müssen sie sich über meine Ankunft wohl gefreut haben.

Mein Problem entsprang nicht dem Gefühl, nicht geliebt zu werden, sondern meinem ruhigen Temperament. Oh, ich konnte schon laut werden und habe auch so manchen Streit vom Zaun gebrochen. Mit ‚ruhig' meine ich, dass ich immer wollte, dass jeder Frieden mit dem anderen hält. Ich wollte immer bei allen Streitigkeiten vermitteln, die in unserer großen Familie nun einmal täglich auftraten. Selbst wenn es bei dem Streit um mich ging, gab ich stets als Erste nach – ich sagte immer als Erste: Komm, vergiss es, es war meine Schuld.

Solange ich denken kann, war ich stets sehr niedergeschlagen, wenn es mir nicht gelang, einen Streit zu schlichten, wenn ich den Frieden nicht wieder herstellen konnte. Manchmal gab ich mir die Schuld, wenn eines der anderen Kinder eine Tracht Prügel bekam. Ich dachte mir: Wenn du dir nur ein klein wenig mehr Mühe gegeben hättest, hättest du ihm sein ungezogenes Verhalten vielleicht ausreden können.

Dann kam noch eine weitere problematische Einstellung hinzu. Vielleicht lag es daran, dass ich das Nesthäkchen der Familie war, aber ich hatte den Eindruck, dass mich niemand wirklich ernst nahm, weder meine älteren Geschwister noch meine Eltern. Ich war immer das ‚süße kleine Schwesterchen' und wenn ich eine mir übertragene Aufgabe nicht ausführte, tat es eben jemand anders. Meine Eltern waren wahrscheinlich so froh darüber, dass ich scheinbar ein so problemloses Kind war, dass sie keine unnötige Aufregung ins Leben rufen wollten. Schließlich gab es in unserer Familie ja genügend andere, die solche Aufgaben erledigen konnten.

Was auch immer der Grund gewesen sein mag, ich lernte allmählich, dass mein Verhalten nicht dieselben Folgen nach sich zog wie bei meinen anderen Geschwistern.

Auch als ich erwachsen wurde, blieben diese eigenartigen Vorstellungen Teil meines Denkens – es machte mir immer mehr zu schaffen, dass ich zwischen meinen Geschwistern nicht ständig Frieden stiften konnte, und ich hatte immer weniger den Eindruck, dass meine Handlungen irgendwelche Konsequenzen nach sich zogen.

Rückblickend ist mir klar, dass ich dieses Bild von mir selbst auch meinen Freunden vermittelte. Ich war die Friedensstifterin, die sich entsetzliche Vorwürfe machte, wenn sie versagte, die aber andererseits nicht viel bedeutete und deshalb nicht ernst genommen zu werden brauchte.

Dementsprechend behandelten mich meine Freunde auch. Sie verließen sich mit der Zeit stets auf mich, wenn es darum ging, irgendwelche Streitigkeiten zu schlichten. Aber wenn sie keinen Schlichter brauchten, nahmen sie mich nicht für voll und übergingen mich; und ich ließ es zu.

Jetzt kommt das Schlimmste: Ich übernahm diese Vorstellungen auch in meine Ehe und in meine Mutterschaft. Wenn mein Mann und ich einmal unterschiedlicher Meinung waren, war ich immer die erste, die wieder Frieden schließen wollte. Ich vermittelte ihm sehr bald, dass sein Wort sehr viel mehr Gewicht hatte als meins – dass meine Meinung nicht viel zählte.

Und unsere ersten beiden Kinder – was ich mit denen angestellt habe! Ohne es selbst zu merken, vermittelte ich ihnen die Botschaften ‚Frieden um jeden Preis‘ und ‚geringe Selbstachtung‘, und ich versuchte, sie so zu erziehen, dass sie sich ebenso verhielten. Hinzu kam noch, dass ich ihnen ihren Vater als absolute Autoritätsfigur vor Augen stellte. Wie schwer habe ich es ihm damals damit gemacht! Zwölf Jahre lang schlug sich unsere Familie auf diese Weise mehr schlecht als recht durchs Leben, bis ich eines Tages plötzlich nicht mehr weiterkonnte und anfing zu weinen. Ich wusste, dass ich professionelle Hilfe brauchte.

Die Änderung kam nicht über Nacht, aber ganz allmählich lernte ich mich selbst kennen. Dann stellte sich mir die anstrengende Aufgabe, die Kinder aus der Gussform zu lösen, mit der ich sie umgeben hatte – gerade in der entscheidenden Übergangszeit vom Kind zum Erwachsenen. Dieser Prozess hinterließ bei den Kindern einige schlimme Wunden, und er hätte beinahe meine Ehe zerstört, aber schließlich haben wir es doch geschafft.

Die beiden Ältesten sind jetzt von zu Hause ausgezogen, aber vielleicht wird ihr kleiner Bruder einige Früchte meiner neu entwickelten Selbstachtung ernten können. Ich bin überzeugt, dass bei ihm alles anders sein wird.

Kurz nach seiner Geburt sagte meine älteste Tochter: ‚Weißt du, Mutter, ich glaube, Gott hat dir und Vati John gegeben, weil er schon immer wusste, dass du eine gute Mutter bist. Er wusste, dass dein Denken eines Tages wieder zurechtgerückt wird. Aber mach dir keine Vorwürfe, allzu schlecht warst du auch bei uns beiden nicht.‘

Dankbar bin ich, dass ich mich selbst rechtzeitig genug kennen gelernt habe, um meine Familie und meine Ehe zu retten. Ich weiß jetzt, dass man nur dann ein guter Vater oder eine gute Mutter sein kann, wenn man sich selbst kennt und liebt.“

> *Man kann nur ein guter Vater oder eine gute Mutter sein, wenn man sich selbst kennt und liebt.*

In meiner jahrelangen Beratungspraxis habe ich Ellens Geschichte in verschiedenen Versionen immer wieder gehört. Oft habe ich erlebt, wie Kinder durch die persönlichen Probleme ihrer Eltern großen Schaden nahmen. Im Allgemeinen hat eine geringe Selbstachtung der Eltern je nach der Persönlichkeit der Kinder mehr oder weniger schädliche Auswirkungen, sowohl während der Erziehungsjahre als auch in ihrem späteren Leben.

Es ist überaus wichtig, dass sich Mütter und Väter einer aufrichtigen Selbstprüfung unterziehen, um herauszufinden, wer sie sind. Sie müssen Selbstvertrauen und Selbstachtung ausstrahlen, damit ihre Kinder lernen, selbst diese Eigenschaften zu entwickeln. Eltern müssen sich selbst lieben können, um die Liebe zu geben, die ihre Kinder zur vollen Entfaltung ihrer Persönlichkeit so dringend brauchen.

Sie sollten sich selbst kennen lernen und entscheiden, ob Sie ein ruhiger, unterwürfiger Typ sind wie Ellen (was nicht unbedingt negativ zu werten ist – man muss nur richtig damit umgehen) oder ein mehr aggressiver Typ, der sagt: „Pass auf, Welt, hier komme ich!" Daraufhin sollten Sie nun versuchen herauszufinden, wie Sie sich im täglichen Leben verhalten. Bitte kreuzen Sie bei jeder Frage die Kategorie an, die auf Sie am ehesten zutrifft.

Eine ehrliche Beantwortung dieser Fragen wird Ihnen helfen, Ihre Stärken und Schwächen zu erkennen, so dass Sie Ihre positiven Verhaltensweisen ausbauen und Ihre negativen korrigieren können. Sie sollten stets daran denken, dass Sie mit jeder Ihrer Handlungen und Äußerungen Ihren Kindern ein Beispiel geben, nach dem diese ihr Leben ausrichten werden.

FAMILIE	Immer	Manchmal	Selten
Verheiratete Eltern 1. Achten Sie Ihren Partner und bringen Sie dies auch zum Ausdruck ?			
2. Wenn Sie beide berufstätig sind, teilen Sie die zu Hause anfallenden Arbeiten ?			
3. Beschweren Sie sich ständig und nörgeln Sie an jedem Fehlverhalten Ihres Partners herum ?			
Alleinstehende Eltern 4. Machen Sie Ihren ehemaligen Partner ständig vor Ihren Kindern schlecht ?			
5. Versuchen Sie, Achtung vor Ihrem ehemaligem Partner zu empfinden und dies auch zum Ausdruck zu bringen ?			
6. Sind Sie dem anderen Geschlecht gegenüber positiv eingestellt ?			
ARBEIT			
7. Setzen Sie sich auf Ihrer Arbeitsstelle so ein, wie es Ihr Arbeitgeber von Ihnen erwarten kann ?			
8. Tun Sie so wenig wie möglich an Ihrem Arbeitsplatz, und erwarten dann ein volles Gehalt ?			

9. Richten Sie Ihren Arbeitstag nach dem Vorsatz aus: „Was du tust, das tue gut"?			
10. Wenn Sie selbst Arbeitgeber sind, behandeln Sie Ihre Angestellten fair und ehrlich, und schaffen Sie für sie die bestmöglichen Arbeitsbedingungen?			
RELIGION			
11. Versuchen Sie, den christlichen Glauben in Ihrer Ehe zu pflegen?			
12. Versuchen Sie, Dinge *für* Gott zu tun?			
13. Verbringen Sie jeden Tag Zeit allein mit Gott?			
14. Ist Ihr Umgang mit Menschen im allgemeinen auf Christus hin ausgerichtet?			

Es ist für Sie als Vater oder Mutter von großer Bedeutung, dass Sie eine positive und optimistische Haltung einnehmen. Ihre Haltung sollte von Verantwortungsgefühl und Fairness geprägt sein, denn ein Kind lernt am besten durch Vorbilder. Wenn Sie ständig ein negatives, verantwortungsloses Verhalten an den Tag legen, vermitteln Sie Ihren Kindern einen autoritätsfeindlichen Lebensstil. Sie geben ihnen dadurch das Gefühl, dass sie nicht für ihre Handlungen verantwortlich zu machen sind. Teenager, die ständig durch autoritätsfeindliche Eltern beeinflusst werden, sind doppelt gefährdet, denn bereits von Natur aus vorhandene antiautoritäre Tendenzen werden dadurch noch verstärkt.

Die Frage der Scheidung

Es ist sehr schwierig, eine allgemein gültige Aussage zum Thema Scheidung zu machen. In den meisten Fällen ist es jedoch weitaus besser für die Kinder, wenn die Eltern versuchen, ihre Probleme in den Griff zu bekommen. In weit über achtzig Prozent der Fälle, die ich kennen lernte, habe ich beide Partner ausdrücklich ermutigt, ihre ehelichen Schwierigkeiten zu lösen.

Kehren wir noch einmal zu Ellens Geschichte zurück. Ihre Ehe hätte ohne weiteres mit einer Scheidung enden können. Aber in den Beratungsgesprächen wurde deutlich, dass Ellen und ihr Ehemann im Fall einer Trennung zu viel zu verlieren hatten. Sie hatten zwei wunderbare Kinder und empfanden viel Achtung voreinander, obwohl Ellen einige sehr schwerwiegende Probleme zu schaffen machten. Ich ermutigte die Eheleute mit einer Entscheidung über eine Scheidung zu warten, bis Ellen diese Probleme in den Griff bekam.

Beide Partner in dieser Ehe gaben sich sehr viel Mühe, zu einer Problemlösung beizutragen. Ich war froh, dass sie meinen Rat annahmen und sich mit der Entscheidung noch etwas Zeit ließen. Heute führen sie eine großartige Ehe, und ihre Familie hat noch Zuwachs bekommen – einen Sohn, einen Schwiegersohn und eine hübsche Enkelin.

Es gibt jedoch auch Ehen, in denen einer der Partner so krank ist, dass der andere ernsthaft gefährdet ist. In solchen Fällen empfehle ich keine Versöhnung. Mein Hauptanliegen ist es, die für jeden Einzelfall richtige Unterstützung und Hilfe anzubieten.

> *Leider ist das grundlegende Problem vieler Ehen die Selbstsucht.*

Leider ist das grundlegende Problem vieler Ehen die Selbstsucht. Das ist nicht besonders verwunderlich, denn die Meinung, die in unserer heutigen Zeit in erster Linie propagiert wird, ist die Ichbezogenheit. Hinzu kommt noch, dass das Fehlen jeglicher moralischer Werte in der Gesellschaft es dem Einzelnen außerordentlich leicht macht, sich mit einem anderen Partner einzulassen und eine Ehe einfach aufzugeben.

Viele Paare heiraten in der Hoffnung, dadurch das Problem ihrer mangelnden Selbstachtung zu lösen. Tatsächlich tritt aber genau das Gegenteil ein, denn um eine gute Ehe führen zu können, braucht man ein sehr starkes Selbstwertgefühl.

Eine Zeit lang gab es in Ellens Ehe nur einen selbstbewussten Partner, nämlich ihren Ehemann. Es muss eine frustrierende Erfahrung für ihn gewesen sein, in einer Ehe, die ja eine Verbindung zwischen zwei Menschen darstellt, der einzige wirkliche Partner zu sein. Im Idealfall ist eine Ehe die Verbindung von zwei starken, selbstbewussten Menschen, die sich selbst kennen und die ihre Gefühle gleich von Beginn der Beziehung an zum Ausdruck bringen. Wenn Sie sich selbst kennen lernen und ein starkes Selbstwertgefühl entwickeln, werden Sie jedes Problem aus einer anderen Perspektive sehen. Wenn zum Beispiel Ihre Ehe in einer Krise ist, kann eine aufrichtige, neue Sicht der Dinge eine Heilung der Beziehung einleiten.

Craig Reid saß mir trotzig gegenüber, das Gesicht von seiner Frau Fran abgewandt. Beide waren intelligente junge Menschen, aber sie zogen ernsthaft eine Scheidung in Erwägung.

„Ich habe meine Arbeit und einige interessante Hobbys", sagte Craig. „Fran möchte nie etwas mit mir unternehmen. Wir haben nichts mehr gemeinsam. Ich sage ihr immer wieder, dass wir uns am Wochenende einen Babysitter nehmen können, um dann Bootsfahrten oder Klettertouren zu unternehmen. Wir können es uns finanziell leisten. Fran ist auch berufstätig."

„Und ich sage ihm immer wieder, dass wir schon jetzt nicht genug Zeit für die Kinder haben", unterbrach ihn Fran. „Ich glaube, dass er einfach nur an sich denkt. Es reicht ihm nicht, das zu tun, was ihm selbst Freude macht, er besteht darauf, dass ich auch das tue, was ihm Freude macht. Wenn ich die ganze Woche arbeite, brauche ich am Wochenende etwas Zeit für mich, und die Kinder brauchen uns auch."

Fran wandte sich direkt an ihren Mann: „Craig, du bist sehr egoistisch. Ich wünschte, wir könnten einmal alle zusammen eine Klettertour unternehmen. Ich könnte mit den Jungen unten am Hang bleiben, während du hochkletterst, und wir könnten auf dich warten, bis du zurückkommst. Ich habe es so satt, deine Vorschläge immer abzulehnen und dich dann aus dem Haus stürzen zu sehen, ohne dass du einmal darüber nachgedacht hast, warum ich nein sage. Und dann kommst du am Sonntagabend nach Hause, ohne ein Wort davon zu erzählen, wie du dein Wochenende verbracht hast. Ohne dich ginge es uns besser, denn dann müssten wir nicht immer auf deine missgelaunte Rückkehr warten."

„Craig", warf ich ein, „was halten Sie davon, dass Fran Sie als egoistisch bezeichnet? Halten Sie sich selbst für einen egoistischen Menschen?"

„Nein. Ich hielt mich nie für egoistisch. Ich habe ein gutes Einkommen und kann Fran und den Jungen sehr viel bieten. Ich glaube nicht, dass das egoistisch ist. Ich bitte Fran sogar mitzukommen. Ist das etwa egoistisch?"

„Aber ich möchte, dass die Jungen auch mitkommen. Sie sind jetzt alt genug, um etwas mit uns zu unternehmen, und sie brauchen uns. Das ist genau der Punkt, den ich dir ständig klarzumachen versuche." Fran schien jetzt flehentlich an ihn zu appellieren: „Craig, du gibst ihnen so viele Dinge, aber so wenig von dir selbst. Ich kann es einfach nicht mehr mit ansehen, dass sie so verletzt werden." Sie vergrub ihr Gesicht in den Händen und weinte.

„Fran, weine doch nicht. Du weißt, wie ich es hasse, wenn du weinst. Warum hast du mir all dies nicht schon früher gesagt? Warum hast du mir nicht gesagt, dass die Jungen mich brauchen? Ich dachte, sie hätten alles, was sie brauchen. Sie haben doch dich und ich bin auch manchmal zu Hause."

„Bis jetzt hast du mir noch nie zugehört. Hier in Dr. Campbells Sprechzimmer kann ich reden, ohne dass du mich gleich anbrüllst, und ich habe endlich den Mut, dir zu sagen, was ich empfinde."

„Stimmt das, Craig?", fragte ich. „Brüllen Sie sie an und weigern Sie sich, ihre Vorschläge anzuhören?"

Craig lehnte sich zurück. „Ich schätze, sie hat Recht, Dr. Campbell. Ich gehe nicht darauf ein, wenn sie versucht, mein Wochenende umzustellen. Gewöhnlich gehe ich einfach aus dem Haus und schlage die Tür hinter mir zu. Ich mag es nicht, wenn Leute mir sagen, wie ich meine Zeit verbringen soll."

Nach einigen Monaten der Beratung gelang es Craig schließlich, sich selbst anders zu sehen. Oft hält eine dritte Partei die entscheidende Antwort zur Lösung des Eheproblems bereit, deshalb ist es gut, bei Problemen professionelle Hilfe zu suchen. Es gelang Craig und Fran, viele kleine Dinge in Ordnung zu bringen, die sie gestört hatten. Ich hatte von Anfang an den Eindruck, dass ihre Ehe gerettet werden könnte. Alles was dazu nötig war, war eine veränderte Einstellung. Ich freue mich, dass nun sogar die beiden Jungen mit ihrem Vater kleine Klettertouren unternehmen.

Eine problembeladene Ehe wirkt sich überaus schädlich auf die Kinder aus, oftmals verschlechtern sich ihre Schulnoten. Craig und Frans Söhne machten eine solche Entwicklung durch. Sie gerieten auch mit ihren Freunden in Streit. Eine auf Jesus Christus gegründete Ehe ist eine wunderbare, starke Gemeinschaft. Heute führen Craig und Fran solch eine Ehe.

Christus gehorsam zu sein bedeutet, die Ehe als eine lebenslange, selbstlose Verpflichtung füreinander und für die Kinder aus dieser Ehe zu begreifen.

> *Christus gehorsam zu sein bedeutet, die Ehe als eine lebenslange, selbstlose Verpflichtung füreinander und für die Kinder zu begreifen.*

Wenn wir die Bedürfnisse unseres Ehepartners und unserer Kinder über unsere eigenen Wünsche stellen, werden unsere Bedürfnisse von Gott und den anderen Familienmitgliedern erfüllt werden. Es ist ein wunderbares Geben und Nehmen. Keine Ehe ist zu allen Zeiten unproblematisch und vollkommen, aber sollten tatsächlich einmal Probleme auftauchen, steht einer christlichen Ehe die Macht Gottes zur Verfügung.

Solch eine Familie bietet den Kindern viele Verhaltensmuster, die sie nachahmen und später als Erwachsene in ihr eigenes Familienleben übernehmen können. Durch das Vorbild ihrer Eltern werden sie auf einfache Weise lernen, wie man Christus zum Mittelpunkt des Familienlebens macht. Predigten, Drohungen und Forderungen werden überflüssig sein, weil ein Kind aus einer solchen Familie dem elterlichen Beispiel von sich aus bereitwillig folgen möchte.

Dinge, die wir unsere Kinder lehren

Ein späteres Kapitel dieses Buches ist ganz dem Thema Erziehungsmaßnahmen und Strafen gewidmet, aber bereits an dieser Stelle möchte ich eine Bemerkung dazu machen, wie man einem Kind den Unterschied zwischen Gut und Böse verständlich machen kann. Es besteht ein ziemlich großer Unterschied zwischen einer Erziehung, die durch Disziplinierung auf eine Verhaltensänderung hinwirkt, und einer Erziehung, die auf das moralische Bewusstsein des Kindes Einfluss nimmt. Durch Strafen und erzieherische Maßnahmen kann man einem Kind kein moralisches Bewusstsein anerziehen. Moralische Grundsätze müssen vielmehr durch Erläuterung und Vorbild gelehrt werden.

> *Moralische Grundsätze müssen durch Erläuterung und Vorbild gelehrt werden.*

Dies ist wirklich ein Gebiet, auf dem Sie sich selbst gut kennen und auf Ihre Wege achten sollten. Auf diesem Gebiet begehen Eltern die schwerwiegendsten Fehler, die ihre Kinder veranlassen, gegen die elterlichen Vorstellungen von Gut und Böse zu rebellieren. Eltern versuchen allzu oft, ihre Kinder durch erzieherische Maßnahmen zu ändern, anstatt sie durch ihr Vorbild zu erziehen.

Wenn Kinder aus den falschen Gründen und unter falschen Bedingungen bestraft werden, rebellieren sie. Richtiges Verhalten muss ihnen vorgelebt werden, damit sie es begreifen und nachahmen können. Leider halten sich viel zu viele Eltern an den alten Spruch: „Tue, was ich sage, und nicht, was ich tue" und wundern sich dann, dass ihre Kinder gegen das rebellieren, was sie sagen.

Eltern haben es schwer, ihre Kinder im Hinblick auf Gut und Böse zu erziehen, wenn ihr Handeln nicht mit ihrem Reden in Einklang steht. Wie können Eltern erwarten, ihren Kindern irgendwelche Wertvorstellungen, zum Beispiel im geistlichen Bereich, zu vermitteln, wenn sie außereheliche Beziehungen eingehen, ungedeckte Schecks ausstellen, ihrem Arbeitgeber gegenüber eine schlech-

> *Eltern haben es schwer, ihre Kinder im Hinblick auf Gut und Böse zu erziehen, wenn ihr Handeln nicht mit ihrem Reden im Einklang steht.*

te Arbeitsmoral an den Tag legen und andere täuschen – kurz gesagt, wenn sie das tun, was heutzutage leider gang und gäbe ist? Es gibt Eltern, die bei ihrer Einkommensteuererklärung unwahre Angaben machen und dann völlig aufgebracht sind, wenn sie herausfinden, dass ihr Kind bei einer Klassenarbeit geschummelt hat. Wie verwirrt solch ein Kind sein muss! Es hat doch nur das getan, was es von seinem Vater gelernt hat.

Und was um alles in der Welt kann dieses Kind mit dem Glauben anfangen, wenn seine Eltern ihn zwar predigen, aber nicht ausleben? Wahrscheinlich sehr wenig. Ich glaube, Titus 1,16 beschreibt die Situation sehr zutreffend: „Sie geben vor, Gott zu kennen, aber mit den Werken verleugnen sie ihn." Diese Haltung der Verleugnung wird von den Kindern nachgeahmt werden. Die verbalen Forderungen, die Eltern aufstellen, um ihre Kinder zu einem christlichen Lebensstil zu erziehen, werden in ihnen nur Gefühle der Rebellion und der Verwirrung hervorrufen und werden sie dem christlichen Glauben entfremden. Was Sie als Eltern sagen, muss von Herzen kommen und auch in Ihrem täglichen Leben sichtbar werden.

Wie zeigt sich Ihr Christsein?

Kehren wir noch einmal zu dem Fragenkatalog zu Beginn dieses Kapitels zurück und wenden wir uns dem Bereich Religion zu. Wie ist Ihre Haltung Gott gegenüber? Jeden Tag Zeit in der Gemeinschaft mit ihm zu verbringen – keine streng festgesetzte, sondern eine stille, völlig unverplante Zeit allein mit ihm, in der man ihn besser kennen lernen kann – ist ein absolutes Muss für jeden Christen.

> *Jeden Tag Zeit in der Gemeinschaft mit Gott zu verbringen, ist ein absolutes Muss für jeden Christen.*

Und was ist mit den Menschen, mit denen Sie täglich in Kontakt kommen – die Kellnerin, der Kassierer in der Bank, der Verkäufer, die Menschen, denen Sie entweder freundlich oder unfreundlich begegnen können – ist Ihr Umgang mit ihnen an Christus ausgerichtet? Versuchen Sie, diesen Menschen Christus näher zu bringen, nicht unbedingt durch ein Zeugnis, sondern wenigstens durch Ihre Einstellung ihnen gegenüber?

Wie verhalten Sie sich gegenüber den Leitern in Ihrer Gemeinde? Sitzen Sie Sonntag für Sonntag im Gottesdienst und schalten bei der Predigt ab? Lassen Sie Ihre Gedanken schweifen und beschäftigen sich mit themenfremden Fragen, ohne darauf zu hören, was Gott Ihnen durch die Predigt sagen möchte? Und nehmen Sie dann diese Gedanken mit nach Hause und erörtern diese kritisch in Anwesenheit Ihrer Kinder beim Sonntagsbraten? Kritisieren Sie andere Christen?

Auch in all diesen Dingen richten sich Ihre Kinder nach Ihrem Vorbild, und da sie in unmittelbarer Beziehung zur Gemeinde stehen, werden sie starken Einfluss darauf nehmen, was Ihre Kinder vom christlichen Glauben halten. Daher ist es erforderlich, dass Sie im Hinblick auf Ihren eigenen Glauben absolut ehrlich sind und in den Bereichen Korrekturen vornehmen, die sich bisher schädlich auf Sie und auf Ihre Kinder ausgewirkt haben.

Wir alle durchlaufen in unserem geistlichen Wachstum verschiedene Phasen. Wenn wir uns gerade bekehrt haben, sind wir voll Begeisterung und voll Eifer für den Herrn. Wir sind erfüllt von starken, übersprudelnden Gefühlen, weil wir uns in Hochstimmung befinden. In dieser Zeit sind wir sehr offen für alle christlichen Fragen und unser geistliches Wachstum macht gewaltige Fortschritte.

> *Wir alle durchlaufen in unserem geistlichen Wachstum verschiedene Phasen.*

Dann kommen wir in die Phase, die ich hier als Phase des „Schwarz-Weiß-Denkens" bezeichnen möchte. Wir nehmen eine sehr strenge Haltung ein und glauben, dass alles, was mit unserem Christsein zu tun hat, nur ganz schwarz oder ganz weiß sein kann. Dies ist ein Zustand geistlicher Unreife, den in der Regel jeder durchlaufen muss wie ein Anfänger beim Autofahrenlernen.

Dieser Lernprozess, bei dem man sich zuerst mit den konkreten Gegebenheiten und dann mit den „Grauzonen" auseinandersetzen muss, findet in nahezu allen Phasen unseres Lebens statt, aber nur die wenigsten beziehen ihn auch auf ihr geistliches Leben. Wenn wir reifer werden und erkennen, dass wir nicht immer nur zwischen Schwarz und Weiß zu wählen haben und es nicht auf alle Dinge eine eindeutige Antwort gibt, haben wir zwei Möglichkeiten. Entweder wir werden vernünftiger und flexibler in unserem Denken und halten an unserem Glauben fest oder wir verlieren ihn völlig.

Immer mehr Menschen geben heutzutage ihren Glauben auf. In unserer Beratungspraxis treffen meine Kollegen und ich auf immer weniger Menschen über fünfundvierzig Jahre, die immer noch bewusst als Christen leben. Bei den wenigen, die noch Christen sind, ist das geistliche Wachstum oft zum Stillstand gekommen. Viele von ihnen sind entmutigt, weil die strengen Grundsätze und die vorgefertigten Antworten, die sie in ihrer Schwarz-Weiß-Phase gelernt haben, sich nicht in allen Fällen mit der praktischen Lebenserfahrung in Einklang bringen lassen.

Ein sehr gutes Beispiel hierfür sind die komplexen Probleme, die bei der Erziehung von Teenagern auftreten. Es gibt einfach keine stereotypen, vorgefertigten Antworten auf jedes auftretende Problem.

Versuchen Sie herauszufinden, in welcher Phase geistlichen Wachstums Sie sich augenblicklich befinden. Wenn Sie immer noch in der strengen Schwarz-Weiß-Phase stecken, werden Sie Ihre Kinder sehr nachteilig beeinflussen, besonders wenn Sie dazu neigen, ihnen gegenüber unnachgiebig zu sein. Eine der wichtigsten Eigenschaften, die Eltern besonders im Umgang mit Teenagern besitzen müssen, ist Flexibilität. Flexibel sein heißt nicht, den Kindern alles durchgehen zu lassen. Flexibel sein bedeutet, dass Sie an Ihre Kinder nicht mit strengen, genau festgelegten Erwartungen herantreten, sondern sie freundlich, zuversichtlich und bestimmt darin anleiten, selbst Entscheidungen zu treffen.

Eine junge Mutter erzählte mir zum Beispiel kürzlich, wie stolz sie darauf sei, dass jede ihrer drei Töchter Tanzstunden nimmt. „Ich habe darauf bestanden, dass sie alle Tanzstunden nehmen", sagte sie. „Ich habe früher ebenfalls Ballettstunden genommen und ich möchte, dass meine Kinder es auch tun. Ich glaube, dass es für ihr körperliches Wohlbefinden sehr wichtig ist, und außerdem formt es den Charakter." Leider fragte sie die Mädchen nicht, ob sie wirklich tanzen lernen wollten.

Die Familie muss ein Ort sein, an dem sich unsere Söhne und Töchter geborgen, entspannt und geliebt fühlen.

Ich wusste zufällig, dass die Älteste stattdessen lieber Schwimmunterricht genommen hätte, aber sie ging pflichtschuldig jeden Samstagmorgen zu ihrer Tanzklasse. Wie viel glücklicher wäre dieses Mädchen gewesen, hätte man sie stattdessen am Schwimmbad abgesetzt und sie schwimmen lassen, während ihre Schwestern tanzen lernten. Aber die Mutter war nicht flexibel. Sie war fest entschlossen, dass alle ihre Töchter

Tanzstunden nehmen sollten, und sie hielt daran fest. Es ist sehr bedauerlich, wenn durch so etwas die Tochter unzufrieden wird und Spannungen auftreten, denn wir sollten vor allem dafür sorgen, dass die Familie ein Ort der Geborgenheit für unsere Kinder ist. Die Familie muss ein Ort sein, an dem sich unsere Söhne und Töchter geborgen, entspannt und geliebt fühlen. Eltern, die sich in der Schwarz-Weiß-Phase ihres Glaubens befinden, fällt es sehr schwer, solch eine Atmosphäre zu schaffen.

Viele Christen, die aus dem Schwarz-Weiß-Stadium herauswachsen und erkennen, dass es auf die meisten Fragen keine absoluten Antworten gibt, laufen Gefahr, zynisch zu werden. Sie sehen vielleicht, wie eine bekannte christliche Persönlichkeit sich falsch verhält. Sie erkennen, wie schwer es ist, ein christliches Leben zu führen. Sie sehen, dass sie sich ihre eigenen Gedanken machen müssen und dass sie Zeit mit dem Herrn verbringen und täglich seine Führung suchen müssen.

An diesem Punkt besteht die Gefahr der Desillusionierung. Erfolgt diese Entwicklung gerade dann, wenn die Kinder im Teenageralter sind – also in der Zeit, in der sie Stabilität am dringendsten benötigen, kann dies negative Auswirkungen haben. Leider machen uns Eltern gerade dann oftmals selbst viele unserer Gedanken und Überzeugungen zu schaffen. Gerade in solchen Zeiten müssen wir mit großer Treue an unserem Glauben festhalten. Erinnern wir uns an die Worte Salomos: „Mein Sohn, vergiss meine Lehre nicht und dein Herz bewahre meine Gebote! Denn sie werden dir Verlängerung der Tage und Jahre des Lebens und viel Frieden bringen" (Sprüche 3,1-2). Wir müssen uns Zeit zum Beten und Bibellesen nehmen, und vor allem dürfen wir es nicht zulassen, dass die Fehler, Lügen und Schwächen anderer Christen unsere geistlichen Fundamente untergraben. Ich habe das immer wieder erlebt. Gleichgültig, welche inneren Kämpfe in uns toben mögen, wir müssen darauf achten, dass wir in solchen Krisenzeiten keine offensichtlich zynische Haltung dem Glauben gegenüber an den Tag legen, weil sich dies unmittelbar auf unsere Kinder auswirkt.

In Zeiten, in denen wir merken, dass unser Glaube an Kraft verliert, sollten wir einmal innerlich Abstand gewinnen und uns an unser Leben in der Schwarz-Weiß-Phase erinnern. Es kann hilfreich sein, sich an einige der positiven Einstellungen, die wir damals hatten, wieder zu erinnern und bewusst am Glauben festzuhalten, bis unser Zynismus nachlässt und unser Glaube wieder an Kraft gewinnt. Es ist, als sagte man:

„Haltet die Welt einen Augenblick an; ich möchte für einige Minuten aussteigen und das Leben einmal aus anderer Sicht betrachten." Es ist, als stiege man aus trübem Wasser, um zu warten, bis der Schlamm sich am Boden absetzt. Bald werden Sie dann in der Lage sein, wieder klar zu sehen.

Machen Sie sich keine Sorgen; es ist ein ganz normaler Vorgang, dass Ihre Kinder im Teenageralter merken, dass Sie zu kämpfen haben, solange Sie keine Lösungen für Ihre Probleme anstreben, die von Autoritätsfeindlichkeit und Zynismus geprägt sind. Solch eine Haltung würde das geistliche Wachstum Ihrer Kinder sofort völlig zunichte machen. Ihre Kinder müssen sehen, dass Sie sich um positive, biblische Lösungen für ihre Probleme bemühen.

Derselbe Ratschlag gilt auch bei Ehekrisen. Solange Ihre Kinder merken, dass Sie sich um eine Verbesserung der Situation bemühen, haben sie Anlass zur Hoffnung und nehmen keinen Schaden. Schäden treten dann auf, wenn der Zynismus das Bemühen um eine Verbesserung der Lage verdrängt und eine ständig gespannte Atmosphäre entsteht. Wenn Sie schließlich dieses schwierige Stadium Ihrer geistlichen Entwicklung durchlaufen haben, treten Sie in die geistliche Reifungsperiode ein. In dieser Zeit Ihres Lebens stellen Sie viele Dinge in Frage. Sie hinterfragen Gemeinden und auf konstruktive Weise auch Ihren eigenen Glauben. Das ist echtes Wachstum.

Es ist gut, Autoritäten in Frage zu stellen und Dinge zu überprüfen, die Ihnen im Laufe der Jahre beigebracht worden sind. Manche bisher für richtig gehaltene Annahmen müssen nach gründlichem Nachdenken aufgegeben werden. Ich habe zum Beispiel herausgefunden, dass Gott keinen in allen Einzelheiten festgelegten Plan für mein Leben hat. Sein Lebensplan für mich beruht vielmehr auf meinen eigenen Entscheidungen, die ich unter Gebet um seine Führung treffe.

In dieser Zeit gelangen Sie wirklich zu eigenen Erkenntnissen. Sie beginnen, die Bibel in einem neuen Licht zu sehen. Sie interpretieren sie nun immer mehr vor dem Hintergrund Ihrer eigenen Erfahrungen und nicht der anderer Menschen.

Sie sollten jedoch vorsichtig sein, denn auch in dieser Phase lauern Gefahren.

Die Gefahren bestehen darin, dass wir leicht vergessen, dass unsere Kinder diese oder irgendeine andere Phase geistlicher Entwicklung noch nicht durchlaufen haben. Wenn Sie Ihre gegenwärtige Haltung geistlichen Dingen gegenüber Ihren Kindern zu erklären versuchen, besteht die Gefahr, dass Sie sie überfordern und völlig verwirren. Dies trifft übrigens auch auf andere Christen zu, deren Bekehrung noch nicht so lange zurückliegt.

Sie müssen Ihre geistlichen Überzeugungen Ihren Kindern ständig durch Ihr Alltagsleben vor Augen führen. Wieder muss ich hierbei betonen, dass ich sehr wohl weiß, dass dies nicht immer einfach ist, aber ich bin fest davon überzeugt, dass es sich auf lange Sicht sowohl für Sie selbst als auch für Ihre Kinder auszahlen wird.

> *Sie müssen Ihre geistlichen Überzeugungen Ihren Kindern durch Ihr Alltagsleben vor Augen führen.*

Wenn Sie stets auf Ihre Wege achten und Ihr Lebensstil an Christus ausgerichtet ist, tun Sie das Bestmögliche für Ihre Kinder. Ebenso wichtig wie Ihr Bestreben, sich selbst zu erkennen und auf den eigenen Lebenswandel zu achten, ist es, Ihre Kinder kennen zu lernen. Ich meine damit nicht nur, dass Sie ihr Aussehen und den Klang ihrer Stimme erkennen; ich meine damit, dass Sie Ihre Kinder als gesamte Persönlichkeit kennen lernen. Es ist von größter Bedeutung, die einzigartige Persönlichkeit eines jeden Kindes zu verstehen.

Darauf wollen wir im nächsten Kapitel eingehen.

3. „25-Prozentler"

Sehet zu, dass ihr keinen dieser Kleinen verachtet. Denn ich sage euch, ihre Engel im Himmel schauen allezeit das Angesicht meines Vaters im Himmel. Also ist es auch nicht der Wille eures Vaters im Himmel, dass eines dieser Kleinen verlorengehe.
(Matthäus 18, 10 und 14)

Wenn Sie aus irgendeinem Grund nur zwei Kapitel dieses Buches lesen könnten, dann würde ich Ihnen dieses und das folgende Kapitel empfehlen, da es von entscheidender Bedeutung ist, dass Sie die Persönlichkeit Ihres Kindes kennen.

Meiner Erfahrung nach kann man Menschen je nach ihrer Einstellung Autoritäten gegenüber in zwei verschiedene Kategorien einteilen – ungefähr 25 Prozent sind Autoritätspersonen gegenüber im wesentlichen positiv eingestellt, ungefähr 75 Prozent lehnen Autoritäten im Großen und Ganzen ab, d.h. sie schätzen im Allgemeinen ihre eigene Meinung höher ein als die Meinung anderer.

Ich habe zwei Söhne, David und Dale. Dale ist mein 25-Prozentler und David mein 75-Prozentler.

Dale kam mit der Frage auf die Welt: „Vati, was sollte ich nach deiner und Muttis Meinung tun?"

David dagegen gab gleich allen in Hörweite den Befehl: „Würdet ihr mir bitte alle aus dem Weg gehen. Ich will mein Leben leben und wehe, wenn sich jemand einmischt!"

Niemand ist vollkommen. Beide Jungen haben ihre Vorzüge und Fehler und jeder der beiden trägt Gutes und Schlechtes in sich, so dass ihre Erziehung sowohl Probleme als auch Freude bereitet. Die nächsten beiden Kapitel werden der Erörterung der typischen Eigenschaften von 25-Prozentlern und 75-Prozentlern gewidmet sein.

Der Persönlichkeitsfaktor

Jedes Kind kommt mit einer einzigartigen Persönlichkeit auf die Welt. Eltern können diese Persönlichkeit zwar schädigen oder fördern, aber ihre grundlegenden Züge sind angeboren. Die Eltern formen also die Persönlichkeit des Kindes nicht *nach* seiner Geburt, sondern bereits bei der Empfängnis werden die genetischen Eigenschaften festgelegt, aus denen sich dann die Persönlichkeit entwickelt.

In Anbetracht der Tatsache, dass es viele Millionen Menschen auf der Welt gibt, mag es Sie erstaunen, dass ich sie alle in nur zwei Kategorien einteile. Diese Vorgehensweise hat sich jedoch in meiner zwanzigjährigen Arbeit als angemessen und praktisch erwiesen, da es sich hierbei um ein ganz wesentliches Persönlichkeitsmerkmal handelt.

Ich bin mir darüber im Klaren, dass diese Einleitung etwas zu vereinfachend klingt. Aber stellen Sie sich einmal vor, man müsste alle verschiedenen Eigenschaften jedes Persönlichkeitstyps im Auge behalten, und versuchen sie systematisch auf die unterschiedlichsten Alltagssituationen anzuwenden. Das wäre schlichtweg unmöglich. Daher nehme ich eine praktische Vereinfachung vor, indem ich mich auf zwei grundlegende Charaktermerkmale beschränke. Sowohl bei der Erziehung meiner eigenen Kinder als auch bei meiner Arbeit mit Kindern im Berufsleben habe ich diese beiden Kategorien verwendet. *Ich möchte an dieser Stelle noch einmal ausdrücklich betonen, dass ich keines dieser beiden Charaktermerkmale an sich für gut oder schlecht halte; ich möchte lediglich darauf hinweisen, dass es sie gibt.*

Im Großen und Ganzen beruht das Verhalten eines Kindes gegenüber seiner Umwelt auf seiner Einstellung zur Autorität, und diese Einstellung wiederum hat ihren Ursprung in seiner Persönlichkeit. Die Einteilung verschiedener Persönlichkeitstypen in nur zwei Gruppen ist daher bei der Behandlung kindlicher Probleme von großem Vorteil und schon viele Menschen, denen ich sie weitergab, profitierten von dieser Vorgehensweise.

> *Wenn wir die Persönlichkeit unserer Kinder erkennen, können wir ihr Verhalten und ihre Gefühle besser verstehen.*

Wenn wir die Persönlichkeit unserer Kinder erkennen, können wir ihr Verhalten und ihre Gefühle besser verstehen und möglicherweise tragische Erziehungsfehler vermeiden. Natürlich sind wir auch nur Menschen und müssen wissen, dass wir auch weiterhin Fehler machen werden, ungeachtet dessen, wieviel Wissen wir uns aneignen, um unsere Kindererziehung zu vervollkommnen. Deshalb sollten Sie keine Schuldgefühle bekommen, wenn einmal etwas schiefläuft, denn Gott erwartet von Ihnen nur, dass Sie Ihr Bestes geben, nicht, dass Sie unfehlbar sind.

Welche Eigenschaften hat ein 25-Prozentler?

25-Prozentler kommen mit dem Bedürfnis auf die Welt, sich Autoritäten zu unterstellen. Sie suchen Lob und Anerkennung. Sie möchten, dass ihnen jemand sagt, was sie zu tun haben und wie sie ihre Zeit einteilen sollen. Sie möchten, dass jemand für sie Entscheidungen trifft. Daher scheint die Erziehung von 25-Prozentlern auf den ersten Blick problemlos zu sein. Man muss solch einem Kind nur sagen, was es wann tun und wann es damit aufhören soll, und es dann dafür loben, dass es alles ausgeführt hat.

Das klingt sehr einfach, nicht wahr? Nun, ganz so einfach ist es aber nicht. Die Erziehung von 25-Prozentlern ist ebenso schwierig wie die von 75-Prozentlern. Während die 75-Prozentler fast vom ersten Lebenstag an eigene Wege gehen und ihren eigenen Kopf gebrauchen, müssen 25-Prozentler selbstständiges Denken erst erlernen. Sie lieben es, anderen zu folgen, und stehen deshalb in Gefahr, sich z. B. Sekten anzuschließen und sich ausnutzen zu lassen. Als Erwachsene können sie oftmals nicht auf eigenen Füßen stehen. Im Erwachsenenleben haben sie manchmal große Schwierigkeiten, weil sie stets erwarten, dass ihnen ein anderer sagt, was sie tun sollen.

25-Prozentler sind für Schuldgefühle überaus anfällig und daher leicht zu beeinflussen. Die meisten Eltern von 25-Prozentlern beeinflussen unbewusst ihre Kinder auf diese Weise und sind dann sehr stolz darauf, solch guterzogene Kinder zu haben.

> *25-Prozentler sind für Schuldgefühle überaus anfällig und daher leicht zu beeinflussen.*

Julie Hyde, die vierzehnjährige Tochter von Evelyn und Richard Hyde, ist ein hervorragendes Beispiel für einen 25-Prozentler, der durch Schuldgefühle beeinflusst wird. Evelyn und Richard sind sich jedoch ihres Verhaltens noch nicht einmal bewusst.

Julie, ein stiller, gehorsamer 25-Prozentler, ist das älteste von fünf Kindern. Vor ein paar Wochen lud eine Freundin sie zu einer Schwimmparty ein. „Mutti, Carla gibt heute eine Schwimmparty, die bis abends dauert, und sie möchte, dass ich auch komme. Hast du etwas dagegen?"

„Oh, es tut mir Leid, Julie. Ich wollte heute Nachmittag in der Stadt einkaufen und anschließend mit Vati essen gehen. Ich hatte mich schon darauf gefreut. Ich hatte gehofft, dass du in der Zeit auf deine Geschwister aufpasst. Na ja, macht nichts, dann gehe ich eben ein anderes Mal."

Julie wusste, dass ihre Mutter nur äußerst selten aus dem Haus kam und wäre dennoch gerne zu dieser Schwimmparty gegangen. Aber der Gedanke, dass ihre Mutter ihretwegen auf die so dringend benötigte Freizeit verzichten müsste, wäre schrecklich für sie gewesen.

„Geh nur, Mutti. Mein Badeanzug ist sowieso schon ziemlich abgenutzt. Ich warte lieber, bis ich einen neuen habe, bevor ich auf eine Schwimmparty gehe. Warum gehst du nicht und triffst dich mit Vati zum Essen? Ich kann zu Hause bleiben."

Es fiel Evelyn Hyde immer leicht, ihre älteste Tochter zu bitten auf die Kinder aufzupassen, denn Julie beklagte sich nie. Sie war so überzeugend, dass selbst ihre Mutter glaubte, sie habe wirklich Freude daran. Manchmal war das auch der Fall, aber es gab auch Zeiten, in denen sie nicht die geringste Lust hatte, zu Hause auf ihre kleinen Geschwister aufzupassen. Es waren ihre Schuldgefühle, die sie veranlassten, zu Hause zu bleiben.

Solange 25-Prozentler noch klein sind, sind sie völlig problemlos und machen überhaupt keine Schwierigkeiten. Die Eltern dieser Kinder werden beneidet, besonders in der Gemeinde und besonders von Eltern mit 75-Prozentlern. Manchmal hört man dann, wie Eltern von 25-Prozentlern zu Eltern von 75-Prozentlern sagen: „Wenn Sie Ihr Kind ein wenig strenger erziehen würden, wäre es genauso wie meins."

Fast alle Eltern vergleichen ihre Kinder mit anderen Kindern und vergessen dabei, dass man einen 25-Prozentler nicht mit einem 75-Prozentler vergleichen kann. Infolgedessen nehmen viele Kinder durch diese scheinbar harmlosen Vergleiche Schaden.

Eltern, die ihre Kinder wie Evelyn und Richard Hyde durch Schuldgefühle beeinflussen, fügen ihnen großen Schaden zu. Obwohl diese Beeinflussung völlig unbeabsichtigt erfolgt, bleibt sie dennoch nicht ohne Wirkung. 25-Prozentler sind so sehr bestrebt anerkannt zu werden, dass sie leicht verletzt und schnell niedergeschlagen sind. Sie nehmen sich alles sehr zu Herzen und beziehen es auf sich persönlich. Stellen Sie sich vor, wie Julie zumute gewesen wäre, wenn sie zu der Schwimmparty gegangen wäre. Sie hätte sich die ganze Zeit Vorwürfe gemacht, dass sie ihrer Mutter einen schönen Nachmittag und Abend verdorben hatte, und deshalb an der Party keine Freude gehabt.

25-Prozentler leben ständig in der Angst, jemanden zu verletzen oder irgendetwas falsch zu machen. Sie sind Perfektionisten und möchten alles richtig machen. Schon die kleinste Kritik wirkt sich auf ihr Selbstwertgefühl aus und weckt in ihnen

> *25-Prozentler sind Perfektionisten und möchten alles richtig machen.*

Schuldgefühle, die sie daran hindern, ihre Persönlichkeit zu entfalten.

Die Eltern von 25-Prozentlern erkennen dieses Problem oft nicht. Diese Mütter und Väter genießen es einfach, ein Kind zu haben, das immer aufs Wort gehorcht und nie irgendwelche Schwierigkeiten macht.

Sie übersehen dabei, dass 25-Prozentler all ihre Gefühle in sich hineinfressen. 25-Prozentler sind überaus selbstkritisch. Perfektionisten sind sie nicht im Hinblick auf ihre Mitmenschen, sondern nur im Hinblick auf sich selbst. Sie stellen zu hohe Ansprüche an sich selbst, die mit der Wirklichkeit nicht in Einklang zu bringen sind.

Ein 25-Prozentler richtet so hohe Erwartungen an sich selbst, dass jeder Tag für ihn zwangsläufig zu einer Enttäuschung werden muss, denn jeder Tag bringt auch Misserfolge. Selbst wenn er 99 Mal erfolgreich ist und in einer einzigen Sache versagt, wird er nur auf diesen einen Misserfolg starren. Solch ein Kind ist natürlich anfällig für Depressionen.

Ein typischer Tag eines 25-Prozentlers könnte ungefähr so aussehen: Brett ist fünfzehn Jahre alt und besucht die höhere Schule. An diesem Tag erfährt er, dass er sowohl in einer Mathematikarbeit eine Eins geschrieben hat als auch in einer Englischarbeit. Zu diesem Zeitpunkt fühlt er sich herrlich. Dann bekommt er ein Referat zurück – schon wieder eine Eins. Was für ein Tag!

Am Nachmittag gelingen ihm beim Fußballspiel zwei Tore und er erringt damit den Sieg für seine Mannschaft. Als er aus der Schule nach Hause kommt, findet er auf dem Küchentisch einen Zettel von seiner Mutter. Sie ist einkaufen gegangen und wird nicht vor sechs Uhr zurück sein. Macht nichts – er muss ja sowieso Basketball spielen gehen. Später wird noch genug Zeit sein, ihr von seinem großen Erfolgstag zu erzählen.

Er geht an seinen Schrank und sucht sein rotes Basketball-Hemd, aber er kann es nicht finden. Schließlich entdeckt er es voller Flecken im Korb mit Schmutzwäsche. Seine Mutter hat vergessen es zu waschen. Sein Tag ist ruiniert. Heute spielt seine Mannschaft in einem Turnier und er hat sein rotes Hemd nicht! Brett vergisst alle Erfolgserlebnisse dieses Tages.

Diese Geschichte mag etwas übertrieben klingen, aber solch ein Denken ist typisch für einen 25-Prozentler. Ein völlig belangloser Vorfall kann ihn in tiefe Niedergeschlagenheit stürzen, die Wut verursacht. Da ein 25-Prozentler vor allem andere zufriedenstellen möchte, wird er diese Wut in sich hineinfressen, was zu noch tieferer Niedergeschlagenheit führt. Tiefere Niedergeschlagenheit jedoch verursacht noch mehr Wut, die der 25-Prozentler nach innen, also gegen sich selbst, richtet.

Welch eine innere Not durchleidet der 25-Prozentler, wenn seine Eltern seine Persönlichkeit nicht erkennen. Er leidet unter den Folgen manchmal jahrelanger Manipulation durch Schuldgefühle. Er hat nicht gelernt, selbstständig zu denken und seine Gefühle durch sein Verhalten oder durch Worte zum Ausdruck zu bringen. Als Folge besteht die Gefahr, dass er zu einem depressiven und zornigen Erwachsenen heranwächst.

Das natürliche Bedürfnis jedes Menschen, geliebt zu werden und Selbstachtung zu empfinden, ist in der Persönlichkeit des 25-Prozentlers besonders ausgeprägt. Wenn daher seine Eltern nicht erkennen, dass er unter einem niedrigen Selbstwertgefühl leidet, und es unbewusst und ungewollt versäumen, seine emotionalen Bedürfnisse zu stillen, sucht er sich diese Befriedigung außerhalb der Familie.

Im Teenageralter lässt er sich vielleicht mit Drogen und Sexualität ein, beginnt zu lügen, zu betrügen und zu stehlen. Ein 25-Prozentler kann sich selbst und seinen Eltern unendlichen Schmerz zufügen.

Denise – ein Lebensbericht

Denise, eine große, schlanke Frau Anfang zwanzig in der Krankenschwesternausbildung, kam vor ungefähr acht Monaten zur Beratung zu mir. Schon ihrem Gesichtsausdruck konnte man entnehmen, dass sie unter Depressionen litt. Unruhig rutschte sie auf dem Stuhl in meinem Sprechzimmer hin und her und versuchte, ihr Problem in Worte zu fassen. Schließlich platzte sie mit der Wahrheit heraus: „Ich bin magersüchtig, Dr. Campbell. Heute Nachmittag habe ich eine Vorlesung über Magersucht gehört und dadurch ist mir klar geworden, dass ich unter Magersucht und Bulimie leide." Sie begann zu weinen. „Ich möchte nicht, dass meine Eltern davon erfahren, weil sie sowieso glauben, dass ich in meinem Leben bisher nahezu alles falsch gemacht habe. Sie werden mich ganz bestimmt hassen, wenn sie das erfahren." Ich sah in ihre braunen, tränenerfüllten Augen. „Wie kommen Sie darauf, dass Sie magersüchtig sind, Denise?"

„Nun, ich hungere so lange, bis ich es nicht mehr aushalten kann. Dann esse ich alles, was in Reichweite ist, nehme ein starkes Abführmittel und scheide alles wieder aus."

„Wie lange tun Sie das schon?"

„Ich glaube, ungefähr vier Monate."

Ich war froh, dass Denise ihr Problem bereits so früh erkannt hatte. Sie hatte noch keinen körperlichen Schaden genommen und ich hatte den Eindruck, dass sie gute Chancen für die Bewältigung ihres Problems hatte. Wir mussten herausfinden, warum sie eine so negative Einstellung zu sich selbst hatte, dass sie sich auf diese Weise Schaden zufügte.

In der Beratung wurde Denises Problem zunehmend deutlicher. Ihr älterer Bruder Bill war lebhaft und aggressiv, Denise dagegen war ruhig und zurückhaltend.

„Solange ich denken kann, forderte Bill stets aus irgendeinem Grund die Aufmerksamkeit meiner Mutter oder meines Vaters", meinte Denise. „Als er ungefähr sieben Jahre alt war, wurde er schwer krank und schwebte in Lebensgefahr. Während er im Krankenhaus lag, wohnte ich bei meinen Großeltern. Dort fühlte ich mich zwar sehr einsam, aber ich wollte um keinen Preis Mutti und Vati damit belasten, weil ich ja wusste, dass die Sache mit Bill sie sehr mitnahm.

Als Bill schließlich aus dem Krankenhaus entlassen wurde, musste er zu Hause noch einen Monat im Bett bleiben. Ich tat alles, um ihn zu erfreuen und war froh, dass wir alle wieder zusammen waren. Aber ich erinnere mich daran, dass meine Mutter mich kaum bemerkte. Ich erwartete auch gar keine Aufmerksamkeit von ihr, weil ich wusste, dass Bill sie so sehr in Anspruch nahm, aber rückblickend erkenne ich doch, wie sehr mir ihre Zuwendung gefehlt hat.

Als Bill zehn Jahre alt war und ich acht, bauten meine Eltern ein neues Haus. Das war wirklich eine hektische Zeit. Einmal gerieten Bill und ich in Streit. Wir zankten uns wegen irgendeiner Arbeit, die Mutter uns aufgetragen hatte. Der Streit begann, weil Bill mir sagte, was ich zu tun hatte, aber ich wusste es bereits, denn meine Mutter hatte mir den Auftrag schon erteilt. Daher versetzte ich ihm einen Schlag in die Magengegend. Er schlug zurück und traf genau meinen Mund, so dass meine Lippe aufplatzte. Daraufhin wurde ich wirklich wütend und fing an, ihn an den Haaren zu ziehen. Gerade als ich einen großen Haarbüschel ergriffen hatte, riss er sich los und ich hielt seine Haare in der Hand.

Da kam Vater herein, brachte uns beide auf die hintere Veranda und gab uns eine Tracht Prügel. Danach lief Bill hinaus auf den Hof, aber ich ging zurück ins Haus und erledigte die Arbeit, die Mutter uns aufgetragen hatte. Ich hatte große Angst, weil ich befürchtete, dass auf Bills Kopf eine kahle Stelle entstehen könnte, die nie mehr zuwächst." So verlief Denises Leben. Sie sagte mir, dass sie fast immer nachgab – nicht nur bei ihrem Bruder und ihren Eltern, sondern bei jedem, der sie verärgerte. Als sie jedoch auf das Gymnasium kam, änderte sie sich.

„Oh, ich versuchte immer noch, zu Hause Frieden zu halten, aber in der Schule tanzte ich schon aus der Reihe. In der Unterstufe ging ich mit einem Jungen, der nichts taugte. Er machte nichts als Ärger. Ich erzählte Mutti und Vati nichts davon, dass ich mich mit ihm traf, aber sie fanden es trotzdem heraus. Mann, gab das Ärger! Zwei Wochen lang hielten sie mir Vorträge und ich verabredete mich nie wieder mit diesem Jungen. Ich möchte nicht wissen, was meine Eltern getan hätten, wenn ich noch einmal mit ihm ausgegangen wäre.

Wieder hatte ich starke Schuldgefühle, weil ich etwas getan hatte, was meinen Eltern missfiel. Ich hielt mich für den schlechtesten Menschen der Welt."

Vom Gymnasium ging Denise auf die Fachhochschule, schaffte aber ihr Studium nicht. „Im ersten Jahr hatte ich ganz gute Noten, aber danach versagte ich auf der ganzen Linie. Ich besuchte noch nicht einmal die Lehrveranstaltungen. Ich belog meine Eltern und sagte ihnen, mein Zeugnis sei in der Post verloren gegangen.

Ich fühlte mich immer schlimmer, aber ich wusste nicht, wie ich all dem ein Ende machen konnte. Dann kam eines Tages Mutter überraschend zu Besuch in die Fachhochschule. Gemeinsam suchten wir alle meine Lehrer auf und ich versuchte ihnen einzureden, dass ich bei ihren Lehrveranstaltungen gewesen war, aber sie es versäumt hätten, meine Anwesenheit zu vermerken.

Schließlich konnte ich es nicht länger ertragen. Ich brach weinend zusammen und sagte Mutter die Wahrheit. Ich hatte gar keine Lehrveranstaltungen besucht, sondern war nur auf dem Gelände herumgelungert und hatte meine Zeit totgeschlagen. Mutter schrie mich nicht an, sondern telefonierte nur mit meinem Vater, der schließlich mit dem Lastwagen kam und meine Sachen abholte. Meine Eltern eröffneten mir, dass ich mir nun eine Arbeit suchen müsste, um ihnen das Geld, das sie vergeblich in meine Ausbildung investiert hatten, zurückzuzahlen.

Ich wechselte zwei- oder dreimal die Arbeitsstelle und es gelang mir, das Geld zurückzuzahlen, aber mein Selbstwertgefühl nahm immer mehr ab. Ich ließ mich einfach treiben, führte nie etwas einmal Begonnenes zu Ende und selbst die Beziehung zu einem Mann, der mich heiraten wollte, zerbrach.

In dieser Zeit war es meine Mutter, die mir die Richtung für mein Leben vorgab. Ich hatte nicht den Eindruck, dass sie ihr eigenes Leben besonders gut gemeistert hatte und lehnte daher ihre Einmischung eigentlich ab. Aber ich konnte es mir nicht leisten, von zu Hause auszuziehen, und deshalb musste ich mich fügen.

Als ich ihr mitteilte, dass ich meine Ausbildung beenden wollte, freute sie sich von Herzen und bot an, mir das Studiengeld, das dort zu entrichten war, zu leihen. Ich lehnte ihr Angebot ab, weil ich wusste, dass ich endlich einmal etwas aus eigener Kraft schaffen musste, sonst würde es mir nie gelingen. Daher nahm ich einen Kredit auf, zog von zu Hause aus und nahm meine Ausbildung wieder auf.

Ich ging in dieselbe, altbekannte Falle, weil ich versuchte, die Streitigkeiten anderer zu schlichten. Ich glaubte, immer für andere da sein zu müssen, aber sie waren nie für mich da, wenn ich sie brauchte. Ich hatte sogar eine Freundin, die es nicht zuließ, dass ich ihr von meinen Verabredungen mit jungen Männern erzählte, weil sie selbst noch nie mit einem Mann ausgegangen war. Ich wollte sie nicht traurig machen und erzählte ihr daher nichts. Es kam mir gar nicht in den Sinn, dass ich mir selbst damit etwas vorenthielt.

Als die Prüfung immer näher rückte, geriet ich in Panik. Ich hatte in meinem Leben noch niemals etwas Bedeutendes geschafft und hatte Angst, nicht durchhalten zu können.

Ich hatte schon immer etwas Übergewicht, das dachte ich jedenfalls, und begann ungefähr zu dem Zeitpunkt mit einer Diät, als ich wegen meiner bevorstehenden Prüfung in Panik geriet. Bald stellte ich fest, wie leicht es mir fiel abzunehmen – das war endlich einmal ein Erfolgserlebnis! Das einzige Problem war, dass es bei mir zur Besessenheit ausartete."

Nach ungefähr sechs Wochen intensiver Beratung erkannte Denise allmählich, was für ein Mensch sie war – sie gehörte zur Gruppe der 25-Prozentler. Das machte sie keineswegs zu einem hoffnungslosen Fall – 25-Prozentler sind wunderbare Menschen. Leider wurde Denises Persönlichkeit von ihren Eltern nicht erkannt und sie verhielten sich ihr gegenüber auch dementsprechend.

Wieviel Leid wäre Denise und ihren Eltern erspart geblieben, wenn sie die Persönlichkeit ihrer Tochter verstanden hätten. Ihre Eltern liebten sie, aber sie erkannten nicht, dass ihre ruhige Art im Grunde genommen irreführend war. Sie forderte keine Aufmerksamkeit, daher gaben sie ihr auch nicht allzu viel. Ihre Eltern nahmen einfach an, dass ihre emotionalen Bedürfnisse gestillt seien und widmeten sich stattdessen den Forderungen, die der typische 75-Prozentler Bill an sie richtete.

Glücklicherweise nahm Denises Geschichte ein gutes Ende. Sie bestand die Prüfung als Drittbeste ihres Jahrgangs und arbeitet jetzt in einem großen Krankenhaus im Mittleren Westen der Vereinigten Staaten. Heute hat sie eine wirklich gute Beziehung zu ihren Eltern, die auf Liebe, Verständnis und Einsicht gegründet ist. Ihre Eltern wissen jetzt, dass die Tatsache, dass sie ruhig ist und wenig Aufmerksamkeit fordert, keineswegs bedeutet, dass sie keine Zuwendung von ihnen braucht.

Es war zweifellos ganz einfach für Denises Eltern, sie zu manipulieren. Sie wollte Anerkennung und Lob, daher versuchte sie, das perfekte kleine Mädchen zu sein. Aber schließlich konnte sie dieser Rolle nicht gerecht werden. Weil ihre emotionalen Bedürfnisse unbeachtet blieben, reagierte sie mit Wut und Frustration, die sich nach innen richteten und in Form der Magersucht zu Tage traten.

Und was war mit Denises Glauben? Als Jugendliche hatte Denise den Gottesdienst und die Treffen der Jugendgruppe besucht und sie legte ein Zeugnis ab, in dem sie sich zu Christus als ihrem Erretter bekannte. Sie war ein mustergültiges Kind, aber als sie älter wurde, lehnte sie den Glauben als „Kinderkram" ab. Sie ging jedoch weiterhin in die Gemeinde, weil sie die Anerkennung ihrer Eltern gewinnen wollte, und *diese* wünschten nun einmal, dass sie den Gottesdienst besuchte.

Wir müssen bestrebt sein, das Glaubensleben unserer 25-Prozentler zu fördern, dürfen dabei aber nicht ihr emotionales, körperliches und seelisches Wohl außer Acht lassen. Wir müssen erkennen, in welchen Situationen sie Wut empfinden und sie lehren, diese offen zum Ausdruck zu bringen. Wir müssen ihre emotionalen Bedürfnisse durch unsere bedingungslose Liebe stillen, besonders im Teenageralter, wenn Kinder naturgemäß dazu neigen, Autoritäten abzulehnen. Wenn wir dies tun, können wir sicher sein, dass sich unsere ruhigen, unauffälligen 25-Prozentler zu starken, gesunden Erwachsenen entwickeln, die den Herrn ebenso lieben, wie wir es tun.

4. „75-Prozentler"

Die Frucht der Gerechtigkeit aber wird in Frieden gesät denen, die
Frieden machen. (Jakobus 3,18)

Als David ungefähr zwei Jahre alt war, wusste ich, dass er ein 75-Prozentler war. Er gehörte zweifellos zu den Kindern, die stets die Einstellung an den Tag legen: „Das mache ich lieber alleine", und ich wusste, wie ich mich ihm gegenüber zu verhalten hatte. Wir mussten uns nie fragen, ob David wütend war oder nicht; er ließ es uns stets wissen, im Gegensatz zu Dale, unserem 25-Prozentler. Meine Frau Pat und ich versuchen daher, Dale zu helfen, seine Wut zum Ausdruck zu bringen, wenn wir merken, dass ihn etwas ärgert. Ich möchte noch einmal darauf hinweisen, dass dies keineswegs heißt, dass der eine Junge besser ist als der andere, sondern nur, dass wir uns in bestimmten Situationen unterschiedlich verhalten, je nachdem, mit welcher Persönlichkeit wir es gerade zu tun haben.

75-Prozentler möchten eigenständig denken. Sie möchten ihre eigenen Entscheidungen treffen. Sie möchten aus Erfahrung klug werden und ihr Verhalten selbst bestimmen. Sie werden schnell wütend, wenn jemand versucht ihnen zu sagen, wie sie sich zu verhalten haben. Sie glauben, dass sie nur dann etwas lernen, wenn sie alles selbst tun.

> *75-Prozentler haben eine autoritätsfeindliche Haltung.*

Oberflächlich betrachtet scheint die Erziehung des 75-Prozentlers viel schwieriger zu sein als die des 25-Prozentlers, aber das ist eigentlich nicht der Fall. Obwohl er mit einer autoritätsfeindlichen Haltung auf die Welt kommt – wobei diese Haltung nicht unbedingt besonders ausgeprägt sein muss, sondern eher eine allgemeine Tendenz darstellt –, benötigt er dasselbe Maß an Geduld, Liebe und Verständnis wie der 25-Prozentler. Die Erziehung eines solchen Kindes mag auf den ersten Blick schwieriger erscheinen, weil es bereits mit dem Verlangen auf die Welt kommt, selbstständig zu denken, was sich im Laufe seines Lebens in der Regel noch verstärken wird. Dieses von Gott geschenkte Charaktermerkmal ist der Grund dafür, dass 75-Prozentler geborene Führungspersönlichkeiten sind.

Es ist jedoch viel leichter, den 75-Prozentler in Schach zu halten und ihm zu helfen, sich angemessen zu verhalten, als einen 25-Prozentler zu lehren, selbstständig zu denken. Es ist weitaus leichter, einem Kind zu sagen, wie es sich zu verhalten hat, als es zu lehren, wie man denkt.

Sie sollten jedoch mit einem 75-Prozentler nicht zu streng umgehen, wenn Sie bei ihm eine Verhaltensänderung erreichen möchten, denn Sie könnten ihn damit wütend machen. Bei einem 25-Prozentler sind aufgestaute Schuldgefühle die Ursache der Wut, während ein 75-Prozentler zunächst nicht verletzt zu sein scheint, aber das Gefühl, es Ihnen später „heimzahlen" zu wollen, wird schließlich bei ihm doch zum Ausbruch kommen.

Zu viele Indianer, zu wenig Häuptlinge

Die meisten Christen sind meiner Meinung nach eher 25-Prozentler. Dies hat schwerwiegende Auswirkungen. Es sind in erster Linie die 75-Prozentler, die die Gemeinde verlassen, also die geborenen Führungspersönlichkeiten. Gegen 25-Prozentler ist überhaupt nichts einzuwenden, aber die Gemeinde braucht auch die 75-Prozentler.

Viele Gemeinden haben daher zu viele Indianer und zu wenig Häuptlinge. Da es in den Gemeinden eher wenig 75-Prozentler gibt, gelangen die wenigen von ihnen zwangsläufig in eine Leitungsposition. Das kann sich auf die Gemeinde schädlich auswirken, da wir nicht genügend 75-Prozentler haben, die für einen Ausgleich

> *Da es in den Gemeinden eher wenig 75-Prozentler gibt, gelangen die wenigen von ihnen zwangsläufig in eine Leitungsposition.*

sorgen könnten. Jeder Leiter, der keine ebenbürtigen Mitstreiter hat, die ihm auch einmal ihre Meinung sagen, hört nur noch auf sich selbst und kreist schließlich nur noch um seine eigenen Gedanken.

Das erklärt, warum Gemeinden in den Vereinigten Staaten vielfach eine ausgesprochen autoritäre Lehre vertreten. Die geistlichen Leiter neigen oftmals dieser Richtung zu und geben diese Lehre als unumstößliches Gesetz den 25-Prozentlern in der Gemeinde weiter. Selten werden ihre Überzeugungen in Frage gestellt.

Manche Christen stellen die Bedeutung von Aussagen der Apostelbriefe und sogar die Bedeutung einiger Aussagen Jesu in Frage. Aber sie wagen es nicht, die Überzeugungen der heutigen christlichen Leiter, die 75-Prozentler sind, in Frage zu stellen.

Das Gefährliche daran ist, dass in den Vereinigten Staaten im Hinblick auf die Erziehung von Kindern und Teenagern oft die gleiche Auffassung vertreten wird. Es wird vorgegeben, der Umgang mit Kindern bestehe in erster Linie aus strafenden Erziehungsmaßnahmen, einschließlich auch der körperlichen Züchtigung. Solche Theorien über Kindererziehung sind als Gegenreaktion gegen die elterliche Passivität in den sechziger Jahren zu verstehen, als propagiert wurde, ein Kind solle nur das tun, was es selbst für richtig hält. Das Pendel ist bei manchen zu weit in die entgegengesetzte Richtung ausgeschlagen und sie praktizieren und vertreten eine zu strenge Kindererziehung. Aussagen aus dem Buch der Sprüche in der Bibel über autoritäre Kindererziehung werden in solchen Kreisen gern als Beleg für ihre Überzeugungen herangezogen, aber sie versäumen es, diese Verse in einen Zusammenhang zu anderen Bibelversen zu stellen. Die Vertreter dieses Denkens erwähnen auch nicht, dass der Stab des Hirten, auf den in der Schrift Bezug genommen wird, nahezu ausschließlich dazu gebraucht wurde, die Schafe zu *leiten,* nicht sie zu schlagen, wie Psalm 23, 4 ganz eindeutig zeigt: „Dein Stecken und dein Stab, die trösten mich."

Meiner Meinung nach kann diese irrtümliche Einstellung einer der Hauptgründe dafür sein, weshalb 75-Prozentler sich von der Gemeinde abwenden. Im Alter von siebzehn oder achtzehn Jahren sind sie immer noch erfüllt von Wut, die durch ihre autoritäre Erziehung in ihnen hervorgerufen wurde.

Der 25-Prozentler neigt dagegen trotz einer solchen Erziehung eher dazu, Christus anzunehmen und weiterhin in die Gemeinde zu gehen, weil er das Bedürfnis hat, sich einer Autorität zu unterstellen. Wir verlieren die 75-Prozentler, denn sie erliegen den Versuchungen des heute vorherrschenden Lebensstils, der das eigene Ich immer an die erste Stelle setzt. Der 75-Prozentler entscheidet sich für diesen Lebensstil und gegen die Gemeinde, weil ersterer seiner angeborenen autoritätsfeindlichen Neigung entgegenkommt. Außerdem wird jeder, der über die Phase der Pubertät hinaus noch Wutgefühle in sich trägt, eine autoritätsfeindliche Haltung einnehmen und sich eher solchen Bewegungen anschließen.

Ein Beispiel aus der Familie Campbell

Vor einigen Jahren verkündete der damals dreizehnjährige David an einem Sonntagmorgen entschlossen: „Ich gehe heute nicht in die Gemeinde."

„Ach, komm doch mit, David", sagte ich. „Wenn du erst einmal da bist, wird es dir schon Spaß machen."

David gab nach und kam mit. Drei oder vier Wochen lang sagte er kein Wort mehr über diese Angelegenheit und dann verkündete er wieder wie aus heiterem Himmel: „Ich gehe heute nicht in die Gemeinde. Ich habe euch schon einmal gesagt, dass ich nicht gehen will, deshalb bleibe ich jetzt zu Hause."

Dieses Mal war mir klar, dass jeder Versuch, David zum Mitkommen zu überreden, scheitern musste. Er war in dieser Sache so entschlossen, dass jeglicher Zwang nur eine tiefsitzende antigeistliche, gemeindefeindliche Haltung hervorgerufen hätte. Ich musste diese Krisensituation meistern, ohne David der Gemeinde zu entfremden und gleichzeitig dafür sorgen, dass er den langen Weg zu geistlicher Reife nicht verließ.

„Magst du die Sonntagsschule?", fragte ich ihn.

„Ja, gegen die Sonntagsschule habe ich nichts."

„In Ordnung. Ich mache dir einen Vorschlag: Du gehst in die Sonntagsschule und deine Mutter und ich werden dich abwechselnd nach der Sonntagsschule nach Hause fahren und mit dir während des Gottesdienstes zu Hause sein."

David war einverstanden. Unsere elterliche Strategie bestand darin zu verhindern, dass David auf die Gemeinde wütend wird, weil der Gemeindebesuch oder andere geistliche Dinge erzwungen werden. Da wir wussten, dass David ein 75-Prozentler ist, beschlossen wir, vorerst keinen Druck auf ihn auszuüben, weil dieser dazu führen könnte, dass er der Gemeinde endgültig verlorengeht. Wir hatten nicht den Eindruck, dass wir ihm gegenüber zu nachgiebig seien; wir hatten nämlich einen Plan.

Schließlich war David beinahe vierzehn Jahre alt. Er wusste, wie wir dachten und woran wir glaubten. Er kannte uns wahrscheinlich besser als wir uns selbst. Wir hielten uns ungefähr vier oder fünf Wochen an das neue System und dann merkte ich, dass David es leid wurde. Er konnte sehen, dass Pat und ich wirklich unter dieser Regelung litten.

Er wusste, dass wir beide gern gemeinsam den Gottesdienst besucht hätten und dass uns der Gottesdienst fehlte, und so sagte er schließlich: „Na gut, dann gehe ich eben euretwegen in die Gemeinde." Damit war die Angelegenheit erledigt.

Bei den Campbells hat es funktioniert. Ich kann nicht versprechen, dass es bei allen anderen Eltern jedes 75-Prozentlers genauso funktionieren wird. Es hängt in starkem Maße von Ihrer allgemeinen Beziehung zu Ihrem Kind ab, nicht nur im geistlichen Bereich, sondern auch in anderen Bereichen seines Lebens. Wenn Sie Ihr Kind wirklich kennen lernen und Ihrem Einfühlungsvermögen vertrauen, werden Sie in der Lage sein, sich in jeder gegebenen

Situation richtig zu verhalten. Das Entscheidende ist, der Situation mit einer positiven Grundhaltung zu begegnen und bei einem 75-Prozentler ein allzu autoritäres Verhalten zu vermeiden.

Dasselbe trifft auch auf 25-Prozentler zu, sogar in noch stärkerem Maße. Sie sind so anfällig für Schuldgefühle, dass eine strenge, negative, autoritäre Haltung ihrer Denk- und Entscheidungsfähigkeit großen Schaden zufügen kann.

Die „Anti"- Kinder

Nun möchte ich Ihnen von einem sehr gebildeten, selbstbewussten 75-Prozentler mittleren Alters erzählen, der dieses Jahr Christus angenommen hat.

Jane ist zweifellos ebenso ein 75-Prozentler wie auch ihre Mutter ein 75-Prozentler ist. Als kleines Mädchen legte sie ständig ihre für 75-Prozentler typische autoritätsfeindliche Natur an den Tag. Aber ihre Mutter behielt die Oberhand und sorgte dafür, dass Jane stets aufs Wort gehorchte. Glücklicherweise ging Janes beste Freundin auch in ihre Gemeinde, so dass sie gern in die Sonntagsschule ging und den Gottesdienst zumindest über sich ergehen ließ. Sie saß, wenn auch trotzig, neben ihrer Mutter.

Als sie ins Teenageralter kam, lehnte sie sich offen gegen den Gemeindebesuch auf, aber wieder einmal setzte ihre Mutter sich durch und sorgte dafür, dass Jane nicht nur in die Gemeinde ging, sondern auch so gut wie keinen Gottesdienst versäumte.

Jane war ein rebellischer Teenager. Sie lehnte die Schule und die Gemeinde ab; sie lehnte im Grunde genommen alles ab. Sie hielt auch nicht viel von Geselligkeit und hatte nur ein oder zwei Freunde. Als sie aus ihrer Heimatstadt fortzog und auf eine Fachhochschule ging, die ihre Mutter für sie ausgesucht hatte, gab sie den Gottesdienstbesuch ganz auf. Sie vertrat sogar die Überzeugung, Jesus Christus sei lediglich ein „guter Mensch" gewesen, lehnte den Glauben an die Jungfrauengeburt kategorisch ab und bezeichnete diesen als reinen Mythos. Sie war entschlossen, genau das Gegenteil vom dem zu tun, was ihre Mutter tat.

Janes Noten waren gut genug, um die Fachhochschule mit dem Krankenschwesterexamen in der Tasche zu verlassen, und sie bekam sofort eine Anstellung in einem großen Krankenhaus in einer Großstadt. Dort traf sie einen Arzt, den sie schließlich heiratete. Aus dieser Ehe gingen zwei Kinder hervor, aber sie endete in Bitterkeit und Scheidung.

In dieser Zeit, in der sie sich ihrem Beruf und ihren Kindern widmete, besuchte sie ihre Eltern nur sehr selten. Wenn sie doch einmal hinfuhr, gab es gewöhnlich oft Streit mit ihrer Mutter, bis die Beziehung schließlich ganz in die Brüche ging.

Nach ihrer Scheidung lernte sie den ruhigen, beständigen Fred kennen, der schließlich ihr Ehemann wurde. Er gab ihren Söhnen, die mittlerweile im Teenageralter waren, seine ganze Liebe und Fürsorge. Er hatte viel Geduld mit Janes aufbrausendem Temperament und ihrer rebellischen Art.

Fred ermutigte Jane, ihre Beziehung zu ihren Eltern, insbesondere zu ihrer Mutter, wieder aufzunehmen, um ein gutes Verhältnis zu ihr zu bekommen.

Bei einem dieser Besuche in ihrer Heimatstadt, bei dem sie versuchte, einige der Wunden der Vergangenheit zu heilen, teilte Jane einer langjährigen Freundin mit: „Weißt du, kurz bevor wir zu Mutter fuhren, kam mein Ältester ganz niedergeschlagen zu mir. Er hatte sich bei zwei sehr angesehenen Anwaltspraxen um eine Aushilfsstelle für die Sommerferien beworben und beide hatten ihn abgelehnt. Ich versuchte, ihn zu trösten und sagte ihm, dass es auch dann noch Hoffnung gibt, wenn wir an unserem Tiefpunkt angelangt sind. Da erkannte ich, dass meine Worte ohne Gott leer und sinnlos waren. In diesem Moment wurde mir schlagartig klar, dass ich ihn nicht dazu ermutigen konnte, es weiter zu versuchen und Selbstvertrauen zu haben, wenn ich nicht einen starken Glauben an etwas hatte, das mir Hoffnung gab – Gott. Nach all diesen Jahren muss ich zugeben, dass Mutter Recht gehabt hat, wenigstens was Gott betrifft."

Es ist sehr traurig, dass Janes Mutter weder ihre eigene Persönlichkeit noch die ihrer Tochter verstand. Dadurch wäre ihnen der Schmerz, den beide in all den Jahren erlitten hatten, erspart geblieben. Darüber hinaus waren ihnen viele Jahre einer Beziehung entgangen, die in geistlicher und anderer Hinsicht hätte fruchtbar sein können. Dies ist das Ergebnis einer Erziehung, die 75-Prozentler so sehr in die Ecke drängt, dass sie es den Eltern „heimzahlen" möchten. Dabei schaden sie sich selbst oft genauso wie den Eltern.

Kehren wir noch einmal zu der Geschichte von Denise und Bill aus dem dritten Kapitel zurück. Denise ist, wie Sie sich erinnern, ein 25-Prozentler, ihr Bruder Bill dagegen ein 75-Prozentler. Dieser Fall veranschaulicht, dass ganze Familien schweren Schaden nehmen können, wenn Eltern die Kenntnis der verschiedenen Persönlichkeitstypen fehlt.

Beide Eltern waren zu Bill genauso streng wie zu Denise und trotzdem ließ er sich nicht beirren.

Bills Eltern zwangen ihn zu studieren, also tat er es widerstrebend und gab es ein Jahr später wieder auf. Seine Mutter hatte bei ihm ebenso wie bei Denise versucht, sein Leben zu bestimmen, aber aufgrund seines natürlichen Hangs zur Eigenständigkeit war dies außerordentlich schwierig. Bill und seine Mutter waren ständig unterschiedlicher Meinung.

Als sich Bill und Denise stritten und von ihren Eltern hart bestraft wurden, verstärkten sich Bills Wut und Denises Schuldgefühle. Sobald es Bill möglich war, löste er sich völlig von seiner Familie und lehnte die Wertvorstellungen seiner Eltern ab. Warum hätte er sie auch übernehmen sollen? Seine Eltern waren so sehr damit beschäftigt, ihn zum Gehorsam zu erziehen, dass sie ihm kaum jemals sagten, dass sie ihn lieben.

Als jedoch Denise magersüchtig wurde und dann auch die ganze Familie zur Beratung kam, tauchten viele Fragen auf, die schließlich gelöst werden konnten. Diese Familie kann sich glücklich schätzen, denn eine Heilung hat stattgefunden, und die einzelnen Familienmitglieder führen endlich ein glückliches, fruchtbares Leben.

Die Berichte von Denise, Bill und Jane veranschaulichen, wie wichtig es ist, die besondere Eigenart jedes unserer Kinder wirklich zu verstehen. Erst wenn wir als Eltern uns selbst kennen und uns mit der Eigenart unserer Kinder vertraut machen, können wir es vermeiden, unbeabsichtigt nicht wieder gutzumachenden Schaden anzurichten.

Die Kenntnis der Persönlichkeit des einzelnen Kindes ist der Schlüssel zum richtigen Verhalten in jeder gegebenen Situation. Obwohl wir bei einem 75-Prozentler nicht strenger oder nachgiebiger sind als bei einem 25-Prozentler, sind wir durch die bessere Kenntnis der jeweiligen Persönlichkeit eher in der Lage, das Kind richtig zu behandeln.

Nur sehr wenige Kinder weisen Eigenschaften beider Persönlichkeitstypen auf, aber es kommt in seltenen Fällen vor. Solche Jugendlichen neigen in der Regel in die eine oder andere Richtung, ohne sich dabei zu einem ausgesprochenen 75-Prozentler oder 25-Prozentler zu entwickeln.

Unsere Tochter Carey gehört zu diesen seltenen Kindern, die keiner der beiden Gruppen eindeutig zuzurechnen sind. Es war gut, dass Carey zuerst auf die Welt kam. Wenn einer unserer Jungen zuerst geboren worden wäre, hätten wir wahrscheinlich große Schwierigkeiten gehabt.

Wäre David zuerst auf die Welt gekommen, würde er heute wahrscheinlich den christlichen Glauben nicht nur ablehnen, sondern könnte noch nicht einmal darüber sprechen, ohne einen Wutausbruch zu erleiden. Dale wäre wahrscheinlich ein Christ, aber kein glücklicher Mensch, der die Entscheidung zum Glauben aus eigenem Antrieb und eigener Überzeugung getroffen hat.

Wenn Sie jetzt wissen, ob Ihr Kind ein 25-Prozentler oder ein 75-Prozentler ist, sind Sie gut gewappnet für die Aufgabe, es auf dem Weg zu einem erwachsenen Christsein zu leiten. Wenn Eltern sich die Mühe machen die persönlichen Eigenarten ihres Kindes kennen zu lernen und sich die Zeit nehmen ihm zu zeigen, dass sie es bedingungslos lieben, so wird der Glaube in ihm Raum gewinnen können.

5. Eine Generation
wütender Kinder

Eine sanfte Antwort dämpft den Grimm; ein verletzendes Wort aber reizt zum Zorn. (Sprüche 15,1)

„Was gibt's zum Abendessen, Mutti?", fragte der vierzehnjährige Tommy und warf seine Bücher und seinen Baseball-Handschuh auf den Küchentisch.

„Ich habe noch kein Abendessen gemacht, Tom, aber ich habe schon alles für dich und Vati vorbereitet. Er muss gleich kommen", antwortete seine Mutter. „Ich muss heute Abend im Büro arbeiten."

„O nein! Ich hasse Kochen! Kannst du es nicht schnell für uns machen, bevor du gehst?"

„Ihr schafft das schon. Sei nicht so griesgrämig. Was ist überhaupt mit dir los? Seit du zur Tür hereingekommen bist, hast du schlechte Laune." Tommys Mutter reichte ihm die Frikadellen. „Wie war's beim Baseball-Training?"

„Toll!", gab Tommy unwirsch zurück, während er die Bratpfanne auf den Herd knallte. „Dir ist es sowieso egal, ob es schrecklich war", murmelte er und schleuderte die Frikadellen in die Pfanne.

„Sieh dich vor, junger Mann! Du brauchst nicht gleich an die Decke zu gehen, nur weil du zwei Frikadellen braten sollst. Ich will kein Wort mehr von dir hören!"

Tommys Vater kam durch die Hintertür herein. „Ich bin da! Nanu, wer macht denn heute das Abendessen!"

„Mutti muss ins Büro gehen."

„Sieht aus, als hättest du alles prima im Griff, Junge. Ich werde einen Salat machen. Was gibt's Neues?"

„Gar nichts", antwortete Tommy mürrisch.

„Nanu, was ist denn mit dir los? Du klingst irgendwie schlecht gelaunt."

„Er ist wütend, weil er beim Essenmachen helfen muss, und irgendetwas muss beim Training schief gelaufen sein", gab seine Mutter statt seiner zur Antwort; dann gab sie ihrem Mann einen Kuss. „Ich gehe jetzt zur Arbeit."

„Viel Spaß, Mutti", rief Tommy ihr wütend hinterher, als sie das Zimmer verließ.

„Moment mal, immer mit der Ruhe. Was ist eigentlich mit dir los, Tom? Warum hast du dich mit deiner Mutter gestritten, als ich nach Hause kam?"

„Das Training war einfach entsetzlich, Vati. Einfach alles ist schief gelaufen."

„Einen Moment, Tom. Ich will nicht hören, dass du dich über das Baseballspielen beklagst. Wenn du nicht ein bisschen Kritik vom Trainer vertragen kannst, solltest du meiner Meinung nach ganz aufhören. Du weißt, dass du ein guter Spieler bist, also streng dich an, zeig was in dir steckt und höre auf dich zu beklagen."

„Darum geht es ja gerade, Vati. Beim Training heute habe ich nicht so ..."

„Ich will nichts mehr davon hören! Entweder du hörst auf dich zu beklagen oder du hörst auf Baseball zu spielen! Was ist dir lieber?" „Ich spiele weiter Baseball", räumte Tommy ruhig ein.

„Welche Salatsauce möchtest du auf deinen Salat?"

„Egal."

„Geh aus der Küche, Tom. Ich möchte deine schlechte Laune nicht den ganzen Abend ertragen müssen. Ich wüsste nur zu gern, was mit dir los ist."

„Aber, Vati, das versuche ich dir ja die ganze Zeit zu erzählen. Beim Training heute ..."

„Kein Wort mehr über das Training. Geh auf dein Zimmer und ich rufe dich, wenn das Abendessen fertig ist."

Haben Sie sich schon einmal mit dem Hammer auf den Daumen gehauen und aufgeschrien? Hatten Sie schon einmal einen harten Tag im Büro und konnten es gar nicht erwarten, nach Hause zu kommen, um sich auszusprechen? Waren Sie jemals wütend und frustriert über die Abendnachrichten im Fernsehen und wandten sich unmittelbar an Ihren Ehepartner, um mit ihm darüber zu sprechen?

Wahrscheinlich konnten Sie alle diese Fragen mit „ja" beantworten. Wir alle waren schon einmal wütend und empfanden das Bedürfnis, diese Wut zum Ausdruck zu bringen, indem wir jemanden anbrüllen oder mit jemandem sprechen.

Stellen Sie sich vor, jemand hätte Ihnen gesagt, Sie dürften nicht schreien, wenn der Hammer auf den Daumen trifft. Und was wäre, wenn Ihr Ehepartner sich weigerte, Ihren Bericht von dem harten Tag anzuhören oder Sie einfach ignorierte, wenn Sie Ihre Meinung über die Nachrichtensendung zum Ausdruck bringen möchten? Wäre das nicht eine frustrierende Erfahrung, die Sie noch wütender machen würde?

So ging es auch Tommy, als er vergeblich versuchte, seinen Eltern vom Training zu erzählen – er wurde noch frustrierter und wütender. Er wollte lediglich seine Wut zum Ausdruck bringen, aber seine Eltern waren zu beschäftigt, um ihm zuzuhören. Das passiert uns allen, ohne dass wir es bemerken. Wir sind so in unser eigenes Leben vertieft, dass wir uns nicht die Zeit nehmen, unseren Kindern wirklich zuzuhören. Glücklicherweise waren Tommy und seine Eltern in der Lage, das Problem am nächsten Morgen zu bewältigen.

Tommys Vater legte dem Jungen die Hand auf die Schulter und sagte: „Junge, das mit gestern Abend tut mir Leid. Ich hätte dir zuhören sollen, anstatt dich auf dein Zimmer zu schicken. Aber ich bin es nicht gewöhnt, nach Hause zu kommen und selbst Abendessen machen zu müssen. Daher war ich nicht besonders gut gelaunt. Jetzt erzähl mal von deinem Training. Jeder hat von Zeit zu Zeit mal einen schlechten Tag. Ich war da ganz gewiss keine Ausnahme."

„Und ich war so damit beschäftigt, dass ich zur Arbeit gehen musste, dass ich mir auch nicht die Zeit genommen habe dir zuzuhören, Tom", fügte seine Mutter hinzu. „Hab noch etwas Geduld mit uns, Junge. Das nächste Mal, wenn etwas bei dir schief läuft, werden wir uns erwachsener benehmen und dir zuhören." Sie lächelte und drückte freundschaftlich seinen Arm.

Die Ursache der Wut

Bevor wir uns weiter damit beschäftigen, wie man mit Wut umgehen kann, wollen wir zunächst die Ursachen der Wut ergründen. Jeder Mensch reagiert wütend, wenn seine emotionalen Bedürfnisse nicht in dem Maße befriedigt werden, wie er es erwartet. Nehmen wir zum Beispiel ein kleines Kind. Wenn ein Säugling nicht gefüttert wird, sobald er Hunger verspürt, wird er wütend, ebenso, wenn seine Windeln nicht gewechselt werden und er sich unbehaglich fühlt.

Wenn er ein wenig älter ist, entwickelt er eine emotionale Bindung an einen Menschen, gewöhnlich an seine Mutter. Es kann sich auch um einen anderen Menschen handeln, aber diese Person muss seine Bedürfnisse befriedigen, sonst reagiert er mit Wut.

Ein hervorragendes Beispiel hierfür war die Reaktion meines ersten Sohnes David, als meine Frau Pat einmal auf eine Wochenendkonferenz fuhr. So lange hatte sie den damals achtzehn Monate alten David bisher noch nie allein gelassen.

Ich erwartete keine großen Probleme bei meiner Aufgabe als stellvertretende Mutter und es ging alles gut. Aber als Pat nach zwei Tagen nach Hause kam, wollte David nichts mit ihr zu tun haben. Er war wütend auf seine Mutter, weil sie ihn verlassen hatte – eine völlig normale Reaktion –, und ließ es ungefähr sechs Stunden lang nicht zu, dass sie ihn berührte.

Pat hatte ihn nur achtundvierzig Stunden allein gelassen, aber was ist mit den Kindern heutzutage? Ihre Mütter oder andere Bezugspersonen lassen sie über lange Zeiträume allein – und das regelmäßig. Das ist ein wichtiger Grund dafür, dass Kinder heute so wütend sind – sie erhalten nicht die liebevolle Aufmerksamkeit, die sie brauchen, wenn die Wut nicht in ihnen Raum gewinnen soll. Sie haben das Bedürfnis nach emotionaler Bindung, aber niemand ist da, der dieses Bedürfnis erfüllt.

Bestimmte Verhaltensweisen der Eltern erfüllen die emotionalen Bedürfnisse des Kindes. Kinder reagieren in stärkerem Maße darauf, wie die Eltern sich ihnen gegenüber *verhalten,* als auf das, was sie ihnen sagen. Sie brauchen positiven Blickkontakt, positiven Berührungskontakt, konzentrierte Aufmerksamkeit und liebevolle Erziehungsmaßnahmen. Ich habe über diese Verhaltensweisen bereits in meinem Buch *Kinder sind wie ein Spiegel* gesprochen, aber ich werde sie an dieser Stelle noch einmal kurz erläutern.

> *Bestimmte Verhaltensweisen der Eltern erfüllen die emotionalen Bedürfnisse des Kindes.*

Allzu oft gebrauchen Eltern den Blickkontakt, jenes eindrucksvolle Mittel der Verständigung, nur dann, wenn sie das Kind zur Ordnung rufen wollen. In dem Bewusstsein, dass ein Kind dann die größte Aufmerksamkeit zeigt, wenn wir ihm direkt in die Augen schauen, sparen wir uns den Blickkontakt für solche Gelegenheiten auf, bei denen wir es tadeln müssen. Ein Kleinkind wird aus Furcht gehorchen, aber wenn es älter wird, wird diese Furcht sich in Wut und Ablehnung verwandeln. Das bewusste Vermeiden von Blickkontakten ist ebenso schädlich für ein Kind, ja, es ist sogar noch schmerzhafter als körperliche Strafen. Daher sollte der Blickkontakt stets von einem Lächeln und von freundlichen Worten begleitet sein, während bei unzulässigem Verhalten des Kindes andere Mittel eingesetzt werden sollten. Leider sparen manche Eltern körperlichen Kontakt mit ihren Kindern nur für die Gelegenheiten auf, bei denen sie praktische Hilfe brauchen, so zum Beispiel beim An- und Ausziehen oder beim Ein- und Aussteigen aus dem Auto. Das ist bedauerlich, denn Körperkontakt ist einer der unkompliziertesten Wege, Kindern die bedingungslose Liebe zu vermitteln, die sie so dringend brauchen. Wir alle brauchen positiven Körperkontakt mit anderen Menschen. Seien Sie einmal ehrlich, macht es Sie nicht froh, wenn ein Freund kurz den Arm um Sie legt und Ihnen sagt, wie sehr er sich freut, Sie zu sehen?

Konzentrierte Aufmerksamkeit erfordert viel Kraft. Manchmal kann es auch bedeuten, dass Sie eine andere, bereits geplante Unternehmung aufgeben oder aufschieben müssen, aber Sie sollten daran denken, dass es sich bei der elterlichen Aufmerksamkeit um ein entscheidendes Bedürfnis im Leben jedes Kindes handelt. Konzentrierte Aufmerksamkeit gibt dem Kind das Gefühl, etwas Einmaliges zu sein, etwas ganz Besonderes. Alle Eltern sollten sich Zeit nehmen und sich jedem Kind einzeln widmen. Denken Sie daran, wie gut es Ihnen tut, einmal mit Ihrem Ehepartner ganz allein zu sein und die Tagesereignisse zu besprechen; dann werden Sie verstehen, dass auch ein Kind das Bedürfnis nach einem solchen Zusammensein verspürt.

Erziehung bedeutet viel mehr als nur die Anwendung von Strafen, sondern eine Schulung des Denkens und des Charakters, die es einem Kind ermöglicht, ein selbstbewusstes, fruchtbares Mitglied der Gesellschaft zu werden.

Erziehung beinhaltet Anleitung durch Vorbild, Gespräche, Unterweisung, Lernsituationen und fröhliche gemeinsame Aktivitäten; kurz gesagt, sie umfasst jede Form der Verständigung. Sie beinhaltet auch Strafen. Obwohl die Bestrafung ein negativer Erziehungsfaktor ist, muss sie in manchen Fällen eingesetzt werden. Die beste Erziehungsform ist jedoch die Anleitung zu richtigem Denken und Handeln, nicht die Strafe für falsche Handlungen. Wenn ein Kind sich von Herzen geliebt fühlt, ist seine Erziehung auf dieser Grundlage um vieles leichter.

> *Erziehung beinhaltet Anleitung durch Vorbild, Gespräche, Unterweisung, Lernsituationen und fröhliche Aktivitäten.*

Wenn wir unseren Kindern auf solch vielfältige Weise unsere Aufmerksamkeit schenken, erfüllen wir ihre emotionalen Bedürfnisse. Viel zu viele Kinder schlagen sich heute mit unerfüllten emotionalen Bedürfnissen durchs Leben und viel zu viele Kinder sind heutzutage wütend.

Der Mangel an emotionaler Zuwendung führt zu Depression und Depression verursacht Wut. Manche Experten, die sich mit Alkohol- und Drogenabhängigkeit beschäftigen, behaupten, dass der Konsum von Alkohol und Drogen Depressionen verursachen. Das ist wahr, aber die meisten Kinder, die Drogen und Alkohol nehmen, sind bereits depressiv oder zeigen depressive Tendenzen, weil ihre emotionalen Bedürfnisse unerfüllt bleiben. Manche, die mit Kindern arbeiten, lassen diese Tatsache außer Acht.

Nur wenige verstehen, dass die Depression eines Kindes mit seiner Wut in Zusammenhang steht. Je wütender ein Kind ist, umso wahrscheinlicher ist es, dass sich seine Depression verstärkt. Es ist ein Teufelskreis, in den jedes Kind geraten kann, ungeachtet seiner früheren Lebenserfahrungen. Es kann ein reiches Kind treffen, ein armes Kind, ein Kind mit vielen Freunden, ein Kind mit wenigen Freunden, ein Kind mit vielen Interessen oder ein Kind mit wenig Interessen. Die Liste ließe sich noch verlängern.

Wie lautet die Antwort auf dieses Problem? Wir müssen unseren Kindern vor allem bedingungslose Liebe entgegenbringen und dadurch die Entstehung von Wut verhindern. Dann müssen wir sie lehren, mit ihrer natürlichen Wut angemessen umzugehen. Wir müssen es ihnen gestatten, ihren Ärger zum Ausdruck zu bringen, anstatt ihn in sich hineinzufressen. Unterdrückte Wut ist sehr gefährlich.

Passiv-aggressives Verhalten

Passiv-aggressives Verhalten ist aufgestaute Wut, die ein Kind oder ein Erwachsener auf negative, unbewusste Weise zum Ausdruck bringt. *Normal ist* dieses Verhalten nur in einem Lebensabschnitt, nämlich in der frühen Pubertät – im Alter von dreizehn bis fünfzehn Jahren. Passiv-aggressives Verhalten entspringt einer autoritätsfeindlichen Haltung, die sich gegen Eltern, Lehrer, den christlichen Glauben, den Arbeitgeber, ja überhaupt gegen alle Autoritäten richtet. Das Ziel passiv-aggressiven Verhaltens besteht darin, die Autorität aus der Fassung zu bringen – Autoritätspersonen wütend zu machen.

Beispiele für passiv-aggressives Verhalten sind Vergesslichkeit, Trödeln, Lügen, Stehlen und ständiges Zuspätkommen. Wenn Sie erst einmal gelernt haben passiv-aggressives Verhalten zu erkennen und danach Ausschau halten, werden Sie es überall entdecken.

> *Beispiele für passiv-aggressives Verhalten sind Vergesslichkeit, Trödeln, Lügen, Stehlen und ständiges Zuspätkommen.*

Jeder Mensch legt gelegentlich passiv-aggressives Verhalten an den Tag. Wenn ich zum Beispiel nicht aufpasse, neige ich dazu, beim Autofahren dem Vordermann zu dicht aufzufahren. Ein Kind legt dieselbe Art von Wut an den Tag, wenn es in die Hose macht, obwohl es schon an die Toilette gewöhnt ist.

Als Daniel sechs Jahre alt war, bekam seine Mutter noch einen kleinen Jungen. Daniel war in seiner Familie sechs Jahre lang der Mittelpunkt gewesen, daher bedeutete die Ankunft des Babys für ihn eine drastische Veränderung.

Jedesmal, wenn er seine Mutter bat, etwas für ihn zu tun, kümmerte sie sich gerade um das Baby. Immer wenn er zu seinem Vater auf den Schoß klettern wollte, war das Baby schon da. Und immer wenn Daniel einmal etwas mehr Lärm machte, befahl ihm seine Mutter, ruhig zu sein, weil das Baby schlafen musste.

Wenn Daniel das Baby anfassen oder es im Arm halten wollte, ließen seine Eltern dies nicht zu. „Du könntest ihm wehtun", meinten sie. Sie ließen ihn noch nicht einmal den Kinderwagen schieben.

Armer Daniel. Wohin er sich auch wandte, das Baby war ihm immer im Weg. Er wollte sich beschweren, aber jeder schien zu sehr mit dem Baby beschäftigt zu sein, um ihm zuzuhören.

Dann stand Daniel eines Tages mitten in der Küche und machte sich in die Hose. „Mutti, komm, mach mich sauber", rief er. „Ich bin ganz schmutzig!"

Daniel war es leid, immer ausgeschlossen zu sein. Er war wütend und frustriert. Er wusste, dass er seine Eltern oder das Baby nicht anschreien konnte, daher wählte er eine indirekte Art, um sich an ihnen zu rächen. Das unbewusste Ziel seiner Handlung war, seine Eltern aus der Fassung zu bringen. Und es funktionierte.

Passiv-aggressives Verhalten ist zunächst schwer als solches zu erkennen, weil es äußerst subtil ist. Es tritt stets bei guten, rechtschaffenen Menschen auf, die auf den ersten Blick einen sehr freundlichen Eindruck machen. Der Grund, weshalb man sie zunächst so gern hat, ist ihr angenehmes Wesen. Und der Grund, weshalb ihr Wesen so angenehm ist, ist die Tatsache, dass sie all ihre Wut unterdrückt haben. Wir sehen auf den ersten Blick nur die Menschen mit ihren angenehmen Umgangsformen, aber in ihnen steckt die Wut, die nur auf eine Gelegenheit wartet hervorzubrechen.

Ein Beispiel dafür, wie subtil passiv-aggressives Verhalten sein kann, ist das Problem der Schulnoten bei Kindern, besonders bei Teenagern.

Zu Beginn eines Schuljahres gibt es meist für den Schüler keinen Grund, auf den Lehrer oder auf die Schule wütend zu sein. Das ist besonders dann der Fall, wenn der Schüler eine neue Schule mit neuen Lehrern besucht. Er beginnt das Schuljahr mit guten Leistungen. Im Laufe des Jahres jedoch staut sich in ihm Wut an, die durch normalen Alltagsärger verursacht wurde.

Wie den meisten passiv-aggressiven Menschen gelingt es ihm zunächst gut, seinen Ärger zu unterdrücken, aber schließlich wird das Maß der aufgestauten Wut so groß, dass es sich in passiv-aggressivem Verhalten äußert. Die Schulnoten verschlechtern sich. Unbewusst denkt der Schüler: „Ich bin so wütend auf dich, deshalb arbeite ich nicht." Bewusst möchte er ebenso gern gute Erfolge erzielen wie alle anderen; unbewusst jedoch lässt er unterdrückte Wut in Form von passiv-aggressivem Verhalten hervorbrechen, um die Autoritätsperson aus der Fassung zu bringen, seien es Eltern oder Lehrer.

Wie ich bereits an anderer Stelle erwähnte, sind junge Teenager in gewissem Maße von Natur aus passiv-aggressiv. Aber wenn es uns gelingt, sie in dieser Phase ihres Lebens richtig zu behandeln, sollten sie das passiv-aggressive Stadium im Alter von siebzehn oder achtzehn Jahren überwunden haben.

Jedes dreizehn-, vierzehn- oder fünfzehnjährige Kind ist unbewusst und manchmal sogar bewusst gegen nahezu alles eingestellt – besonders die 75-Prozentler. Sie sind im Allgemeinen ständig über irgendetwas wütend. Wir müssen daher dafür sorgen, dass sie ihre Wut sprachlich artikulieren und sie nicht in sich hineinfressen.

Das fällt Eltern nicht leicht, denn von Natur aus neigen sie dazu, ihre Teenager zur Ruhe anzuhalten, die Wut der Kinder zu unterdrücken und in der häuslichen Umgebung für Ruhe zu sorgen. Aber manchmal muss ich die Eltern, die zu mir zur Beratung kommen, fragen: „Möchten Sie lieber einen Sohn, der Sie anschreit oder einen Sohn, der eine Überdosis Rauschgift nimmt? Möchten Sie lieber eine Tochter, die lamentiert und schreit, oder eine schwangere Tochter?" Ich gebe Eltern stets den Rat, den Druck von ihren jungen Teenagern zu nehmen und es ihnen zu gestatten, ihre Wut in Worte zu fassen. Auf diese Weise lernen *sie* es, ihr Temperament auf vernünftige Weise zu beherrschen, und wir leiten sie so an, wie es uns in der Bibel in den Sprüchen gesagt wird.

> *Ich gebe Eltern stets den Rat, den Druck von ihren jungen Teenagern zu nehmen und es ihnen zu gestatten, ihre Wut in Worte zu fassen.*

Wut zu unterdrücken gleicht dem Versuch, die Wölbung eines aufgeblasenen Luftballons einzudrücken: Wenn man an der einen Stelle drückt, wölbt es sich an einer anderen. Wenn wir daher versuchen, unsere Kinder davon abzuhalten, ihre Wut zum Ausdruck zu bringen, wird sie nur in einem anderen Bereich ihres Lebens hervorbrechen – in Form von negativem, gewöhnlich passiv-aggressivem Verhalten.

Sie sollten nicht vergessen, dass Sie passiv-aggressives Verhalten nicht völlig verhindern können, selbst wenn Sie Ihrem Teenager erlauben, seine Wut zu artikulieren. Sie brauchen ein Sicherheitsventil, mit dessen Hilfe passiv-aggressive Einstellungen auf harmlose Weise zum Ausdruck gebracht werden können. Passiv-aggressives Verhalten ist in erster Linie unbewusst, und das Unbewusste ist amoralisch. Ihm ist es gleichgültig, ob ein Gedanke richtig oder falsch ist; es geht ihm nur darum, die Wut abzureagieren.

Wenn ein Kind passiv-aggressives Verhalten an den Tag legt, reagiert es seinen Ärger ab, indem es die Eltern aus der Fassung bringt. Das Kind wird also auf das abzielen, was die Eltern am meisten aus der Fassung bringt – auf den empfindlichsten Punkt! Was würde christliche Eltern am meisten aus der Fassung bringen? Der Glaube natürlich. Wogegen wird sich das passiv-aggressive Verhalten des Kindes also richten? Gegen den Glauben natürlich.

Haben in einer Familie die Schulnoten den wichtigsten Stellenwert, so richtet sich das passiv-aggressive Verhalten gegen die Schule und gegen das Lernen. Ein solches Verhalten kann sich jedoch auf geistlichem wie auch auf schulischem Gebiet auf lange Sicht sehr schädlich auswirken. Aber wie können wir es verhindern?

Zunächst einmal können wir es vermeiden, geistliche Dinge und schulische Leistungen als überaus wichtig hochzustilisieren, besonders in der Pubertät. Wenn Ihre Kinder im Teenageralter zu Ihnen kommen und von sich aus ein Gespräch suchen, so *ist* das hervorragend. Dann sind Sie in einer anderen Position. Wenn der Teenager selbst das Gespräch herbeiführt, sind Sie nicht derjenige, der predigt oder eine negative, autoritäre Haltung einnimmt. Einer Sache in diesen Jahren allzu große Bedeutung beizumessen, bedeutet nichts anderes, als dem Kind Munition zu überreichen mit den Worten: „Hier, damit kannst du mich und dich treffen. Schieß los!"

> *Wir können es vermeiden, geistliche Dinge und schulische Leistungen als überaus wichtig hochzustilisieren, besonders in der Pubertät.*

Fällt Ihnen selbst ein Beispiel für passiv-aggressives Verhalten ein? (Denken Sie daran, dass passiv-aggressives Verhalten eine unbewusste Handlung ist, durch die ein Mensch genau das Gegenteil von dem tut, was man von ihm erwartet.) Wie ist es mit dem unordentlichen Zimmer? Nur die wenigsten Teenager halten Ordnung in ihrem Zimmer, dies ist ein recht normales passiv-aggressives Verhalten, weil Eltern stets fordern: „Räum dein Zimmer auf!" Wenn das Zimmer Ihrer Tochter unordentlich ist, ist das für Sie als Eltern eine gute Gelegenheit, auf ein sauberes Zimmer Wert zu legen, weil es sich dabei um ein passiv-aggressives Verhalten handelt, das niemandem schadet. Warum?

Damit betonen Sie eine Sache, die eigentlich unwichtig ist, und dem Kind nicht schadet. Also bestehen Sie ruhig darauf, dass es sein Zimmer aufräumt. Es wird schließlich aus dieser rebellischen, passiv-aggressiven Haltung herauswachsen und sein Zimmer von selbst wieder in Ordnung halten. Aber wieviel besser ist es, dass es passiv aggressives Verhalten demonstriert, indem es sein Zimmer nicht aufräumt, als dass es gegen den Glauben rebelliert oder schlechte Schulnoten nach Hause bringt.

Bei Kindern und jungen Teenagern bis zum Alter von sechzehn oder siebzehn Jahren kann auf passiv-aggressives Verhalten Einfluss genommen werden. Wir können unsere Kinder lehren, ihre Wut auf positive Art zum Ausdruck zu bringen, sodass passiv-aggressives Verhalten nicht in stärkerem Maße zu Tage tritt, als es für diesen Lebensabschnitt normal ist. Sobald der Teenager jedoch sechzehn oder achtzehn Jahre alt ist, kann sich passiv-aggressives Verhalten verfestigen. Von diesem Zeitpunkt an kann es sehr schwer, ja nahezu unmöglich sein, dieses Verhalten zu ändern. Daher ist es von entscheidender Bedeutung, dass wir gegen solch ein Verhalten in der Kindererziehung so früh wie möglich etwas unternehmen. Nicht nur im geistlichen Bereich sollten wir es vermeiden, unsere Kinder zu passiv-aggressivem Verhalten zu ermuntern, sondern auch in jedem anderen Bereich, da passiv-aggressives Verhalten die gesamte Persönlichkeit durchdringt.

Wenn passiv-aggressive Kinder erwachsen werden

Passiv-aggressives Verhalten ist eine der hauptsächlichen Kräfte, die in unserer heutigen Welt wirksam sind – international, national, regional und selbst in Ihrer unmittelbaren Nachbarschaft. Viele aufschlussreiche Beispiele für passiv-aggressives Verhalten bei Erwachsenen lassen sich in der Beziehung Arbeitgeber – Arbeitnehmer entdecken.

> *Passiv-aggressives Verhalten ist eine der hauptsächlichen Kräfte, die in unserer heutigen Welt wirksam sind.*

Ein Arbeitgeber stellt kein passiv-aggressives Verhalten fest, wenn er mit einem neuen Angestellten ein Einstellungsgespräch führt. Es kann sogar Monate dauern, bis der neue Mitarbeiter dieses Verhalten an den Tag legt. Ebenso wie das Kind in einer neuen Schule und mit einem neuen Lehrer nimmt der Mitarbeiter seine neue Arbeit mit einer positiven Einstellung auf. Alles klappt wunderbar – zunächst. Dann laufen auf einmal Dinge schief. Der Angestellte wird durch unbedeutende Alltagsereignisse gereizt und wütend, und die Wut wächst ständig bis zu dem Punkt, an dem passiv-aggressives Verhalten in Form von autoritätsfeindlichen Signalen zu Tage tritt. Seine Arbeitsleistung lässt immer mehr nach und schließlich verursacht der Angestellte so viele Probleme, dass er entlassen werden muss.

Der Hauptunterschied zwischen passiv-aggressivem Verhalten bei Kindern und vergleichbarem Verhalten bei Erwachsenen besteht darin, dass es sich bei Kindern größtenteils um unbewusstes Verhalten handelt, bei Erwachsenen aber um bewusstes. Es beginnt lediglich als unbewusstes Verhalten, entwickelt sich aber dann allmählich zu einer bewussten Handlung.

Vor einiger Zeit beschloss einer meiner Geschäftsfreunde, einen Büroleiter anzustellen.

„Weißt du, Ross", sagte er mir, „ich hielt es für die perfekte Lösung. Ich wollte mehr im Außendienst arbeiten, und er sollte

Kundenfragen beantworten, etwas Werbung betreiben, Zahlungserinnerungen vornehmen usw. Kurz gesagt, Everett schien die Lösung meines Problems zu sein. Das war er auch – eine Zeit lang. Wir hatten zunächst das tarifmäßige Gehalt vereinbart, mit der Option, es zu einem späteren Zeitpunkt zu erhöhen. Alles schien ganz gut zu laufen, bis einer meiner Leute vom Außendienst einige Tage im Büro zu arbeiten hatte. Meine Sekretärin konnte nicht die nötigen Schreibarbeiten für ihn übernehmen, weil sie für Everett einspringen musste, der aus irgendeinem unbekannten Grund drei Tage frei genommen hatte, ohne diesen Urlaub mit mir konkret abzusprechen."

„Er hatte dich nicht um Urlaub gebeten?", fragte ich meinen Freund.

„Nein, er hat sich einfach selbst beurlaubt. Ich hatte einige Wochen zuvor mit ihm gesprochen und dabei erfahren, dass sein Vater, mit dem er stets große Schwierigkeiten gehabt hatte, vor kurzem verstorben war. Er erwähnte zu dem Zeitpunkt, dass er vielleicht einige Tage Urlaub brauchen werde, um seiner Mutter bei rechtlichen Angelegenheiten im Zusammenhang mit dem Tod seines Vaters zu helfen, aber er hat nie ein genaues Datum angegeben.

Ich ließ jedenfalls die Angelegenheit in Anbetracht der Umstände auf sich beruhen. Einige Wochen später teilte mir meine Sekretärin mit, dass Everett regelmäßig nicht zur Arbeit erschien. Als ich ihn darauf ansprach, gab er zur Antwort, er habe zusätzlich eine Teilzeitarbeit angenommen, weil ich ihm nicht genug Gehalt zahlte. Er hatte ein Auto gekauft, und er und seine Frau zogen in Erwägung, in eine teurere Wohngegend zu ziehen. Er sagte, er sei sich im Klaren darüber, dass ich ihm eine Gehaltserhöhung geben wollte, aber sie sei eben noch nicht erfolgt.

Als ich ihn an unser ursprüngliches Abkommen erinnerte, wurde er sehr wütend auf mich und warf mir vor, dass ich ihm und seiner Familie gegenüber hartherzig sei.

Bald nach dieser Auseinandersetzung musste ich einige Tage im Büro arbeiten. Dabei bot sich mir ausreichend Gelegenheit, meinen Büroleiter in Aktion zu sehen: Er tat sehr wenig. Er kümmerte sich nicht um säumige Kunden und übergab das Schreiben von Zahlungserinnerungen der Sekretärin. Er unternahm keinerlei Versuche, sich um mögliche Kunden zu bemühen. Kurz gesagt, er leistete so gut wie gar nichts.

Ich versuchte mit ihm zu sprechen, aber er nahm eine feindselige Haltung ein, sodass ich ihm drohte, ihn zu entlassen.

Diese Drohung schreckte ihn auf, und ungefähr sechs Monate lang unternahm er schwache Anstrengungen, seine Arbeit zu tun. Ich gab ihm sogar eine Gehaltserhöhung in der Hoffnung, dass dies ein Anreiz für ihn wäre, aber dennoch fand er stets eine Ausrede, um das Büro verlassen zu können, wenn ich im Außendienst war. Als Vorwand gab er an, er führe Gespräche mit möglichen Kunden, aber keiner von ihnen tauchte jemals auf.

Er wurde zu solch einer Belastung, dass ich ihn schließlich entließ. Bis auf den heutigen Tag macht er mich für alle Schwierigkeiten, die wir miteinander hatten, verantwortlich. Er behauptet, er hätte alles getan, was man von ihm erwarten konnte. Er sagt, er hätte geschuftet wie ein Pferd und ich hätte ihn entsetzlich behandelt."

Als ich erfuhr, dass Everett nie mit seinem Vater ausgekommen war, war ich über den Verlauf des Arbeitsverhältnisses zwischen ihm und meinem Freund nicht überrascht.

Everett hatte eine Situation geschaffen, die ihm die Möglichkeit bot, auf seinen Chef wütend zu sein. Passiv-aggressives Verhalten wird direkt von den Eltern auf den Ehepartner und dann auf den Arbeitgeber übertragen. Bewusst und unbewusst tat Everett alles, was in seiner Macht stand, um meinen Freund wütend zu machen. Dabei suchte er stets rationale Begründungen für sein Verhalten. Je ausgeprägter die passiv-aggressiven Tendenzen eines Menschen sind, umso mehr führt er rationale Begründungen ins Feld. Ich konnte meinen Freund sehr gut verstehen. Ich habe selbst mit passiv-aggressiven Erwachsenen gearbeitet, und es ist alles andere als leicht. Sie führen für all ihre Handlungen rationale Begründungen an.

Auch eine junge Frau, die ich in unserer Klinik anstellte, legte das für einen passiv-aggressiven Mitarbeiter typische Verhalten an den Tag. Zunächst ging alles gut. Sie hatte ein angenehmes und freundliches Wesen und war eine gute Sekretärin.

Dann wurde sie mit der Zeit immer unzuverlässiger, wie es für einen passiv-aggressiven Menschen typisch ist. Sie kam ständig zu spät zur Arbeit, bis ihre Unpünktlichkeit schließlich nicht mehr zu übersehen war. An einigen Tagen erschien sie überhaupt nicht zur Arbeit. Auch von ihrer Mittagspause kehrte sie so gut wie immer zu spät zurück.

Da ich nur äußerst ungern Mitarbeiter entlasse, duldete ich ihr Vorgehen über einen langen Zeitraum. Dann machte sich ihre Einstellung in ihrer Arbeit bemerkbar. Sie überließ den anderen Sekretärinnen Arbeiten, die sie nicht fertiggestellt hatte, worüber diese sich zu Recht beschwerten.

Paradoxerweise war sie aufgrund ihres freundlichen Wesens bei denen, die nicht direkt mit ihr zusammenarbeiteten, überaus beliebt. Diejenigen jedoch, denen sie stets ihre Arbeit aufbürdete, ärgerten sich über sie. So sorgte sie für ein allgemeines Durcheinander, von dem das ganze Büro in Mitleidenschaft gezogen wurde.

An einem Freitag um die Mittagszeit (Freitag ist unser mit Abstand arbeitsreichster Tag) verließ sie ihren Arbeitsplatz und ging einfach nach Hause. Es gab keinen Grund für dieses Verhalten; im Büro hatte sich nichts Ungewöhnliches ereignet; sie ging einfach und brachte damit die anderen Sekretärinnen in eine schwierige Lage.

Am nächsten Tag rief sie an, um sich für ihr Verhalten zu entschuldigen. Sie versprach, wie es für passiv-aggressive Menschen typisch ist, sich zu bessern und bat, ihre Stelle wieder antreten zu können. Ich brachte es einfach nicht fertig, ihre Bitte zurückzuweisen und sagte ihr deshalb, sie solle am Montag wieder zur Arbeit erscheinen. Als ich aufgelegt hatte, ließ ich mir die Sache noch einmal durch den Kopf gehen und ich erkannte, dass sich die Situation nicht bessern würde. Ich wusste vielmehr, dass innerhalb einer Woche alles noch weitaus schlimmer sein würde als vorher.

Daher rief ich sie an und sagte ihr, sie solle nicht wieder zur Arbeit erscheinen. Ich fühlte mich entsetzlich dabei, aber ich wusste, dass ich es tun musste. Ich kann Ihnen gar nicht sagen, wie sehr sich die ganze Atmosphäre in unserem Büro seitdem gebessert hat.

Ich möchte an dieser Stelle noch einmal darauf hinweisen, dass jeder Mensch in gewissem Maße passiv-aggressive Tendenzen aufweist. Bei einigen Menschen zeigt sich das an ihrer Fahrweise, bei anderen durch ständiges Zuspätkommen bei Verabredungen, und diese Liste ließe sich noch endlos fortsetzen. Aber nur wenn passiv-aggressive Verhaltensformen das ganze Leben eines Menschen bestimmen, kann man von einer pathologischen Persönlichkeitsstörung sprechen.

Es ist daher sehr wichtig, den Kindern zu helfen, richtig mit ihrer Wut umzugehen, damit nicht passiv-aggressive Erwachsene aus ihnen werden.

Dem Kind helfen, mit der Wut umzugehen

Je jünger ein Kind ist, umso unreifer ist auch die Art, wie es seine Wut zum Ausdruck bringt. Wenn es älter und vernünftiger wird, sollte es allmählich lernen, seine Wut auf positivere Weise auszudrücken. In diesem Punkt müssen wir als Eltern Geduld haben.

Ich weiß, dass viele Eltern so müde sind, dass sie ihrem Kind eigentlich nur noch befehlen wollen, den Mund zu halten. Das ist aber das Schlimmste, was man tun kann, denn es führt lediglich dazu, dass das Kind seinen Ärger tief in sich hineinfrisst. Ich möchte verschiedene Möglichkeiten aufzeigen, wie man Kindern helfen kann, ihre Wut auf positive Weise zum Ausdruck zu bringen – auf eine Weise, die die Atmosphäre weitaus besser reinigt als

> *Ich möchte verschiedene Möglichkeiten aufzeigen, wie man Kindern helfen kann, ihre Wut auf positive Weise zum Ausdruck zu bringen.*

die Ermahnung zum Stillsein. Um Eltern zu helfen, die Schwierigkeiten beim Umgang mit der Wut zu meistern, habe ich eine „Wutleiter" aufgestellt. Sie hat fünfzehn Sprossen, von denen jeweils die nächsthöhere eine erstrebenswertere Möglichkeit darstellt, Wut zum Ausdruck zu bringen.

1. *Sich freundlich verhalten*
2. *Versuchen das Problem zu lösen*
3. *Die Wut nur auf die Ursache richten*
4. *Sich an die ursprüngliche Beschwerde halten*
5. *Logisch und konstruktiv denken*
6. *Sich unfreundlich und laut verhalten*
7. *Fluchen*
8. *Wut auf andere Dinge als die ursprüngliche Ursache ausdehnen*
9. *Mit der Situation nicht zusammenhängende Beschwerden äußern*
10. *Mit Gegenständen werfen*
11. *Gegenstände zerstören*
12. *Beleidigen, beschimpfen*
13. *Sich emotional destruktiv verhalten*
14. *Körperliche Gewalt anwenden*
15. *Passiv-aggressives Verhalten*

Nun wollen wir versuchen, diese Leiter richtig anzuwenden. Wie wir bereits erwähnten, ist passiv-aggressives Verhalten die am wenigsten erstrebenswerte Art, Wut zum Ausdruck zu bringen. Wenn ein Mensch die Selbstbeherrschung so sehr verliert, dass er Gegenstände zerstört oder einen anderen körperlich angreift, mag das zu verurteilen sein, aber es ist immer noch besser als passiv-aggressives Verhalten. Der Unterschied ist zwar nur graduell, aber dennoch vorhanden, weil man mit solch einem Verhalten umgehen und es eher verhindern kann als passiv-aggressives Verhalten. Eine wiederum geringfügig erstrebenswertere Art, Wut zum Ausdruck zu bringen, ist ein Wutanfall. Dazu können Schreien, Fluchen,

Brüllen und Beschimpfungen gehören - alles Verhaltensformen, die sich nicht allein auf die Ursache der Wut richten, sondern auf jeden, der gerade zufällig in der Nähe ist. So sehr man dieses Verhalten ablehnen muss, ist es dennoch dem passiv-aggressiven Verhalten vorzuziehen.

Wenn wir die Leiter weiter hinaufklettern, gelangen wir zu den sprachlichen Ausdrucksformen der Wut, die sich gegen jeden richten, der in Hörweite ist. So negativ dies klingen mag, stellt es dennoch eine Verbesserung gegenüber den bisher erwähnten Verhaltensformen dar.

In den oberen Sprossen finden wir auf Sprosse drei eine erstrebenswerte Art, Wut auszudrücken, indem man sie nur auf die eigentliche Ursache richtet. Auch dazu kann Schreien und Brüllen gehören, aber wenigstens bleibt die Wut auf ihren Verursacher beschränkt.

Auf der obersten Sprosse finden wir die beste Art, mit Wut umzugehen, nämlich das freundliche und vernünftige Gespräch mit dem Menschen, auf den man wütend ist. Es ist zu hoffen, dass die Person, mit der Sie Schwierigkeiten haben, auf eine ebenso vernünftige Weise reagiert, sodass beide Parteien die Sache untersuchen und diskutieren können und dann zu einer gemeinsamen Lösung des Problems gelangen. Nur wenige Menschen erreichen ein solches Maß an Reife, aber wenn Ihr Kind im Teenageralter gelegentlich sieht, dass Sie mit Ihrer Wut auf diese Weise umgehen, hat es eine gute Ausgangsposition, selbst einmal dieses Reifestadium zu erlangen.

Sie sollten damit rechnen, dass Ihr Teenager von Zeit zu Zeit wütend wird, und ihn ermutigen, diese Wut in Worte zu fassen und auszudrücken. Entscheiden Sie, auf welcher Stufe der Wutleiter er sich gerade befindet, und arbeiten Sie dann mit ihm auf eine Verbesserung hin. Wenn Sie sich beide beruhigt haben, sollten Sie sich die Zeit nehmen, Ihren Teenager in den Bereichen zu loben, in denen er seine Wut richtig zum Ausdruck gebracht hat; dann sollten Sie ihn auffordern, die Punkte zu korrigieren, die Ihrer Meinung nach der Veränderung bedürfen.

Lassen Sie mich eine Sache klarstellen, die sonst möglicherweise Verwirrung hervorrufen könnte. Ich spreche von *sprachlichen* Ausdrucksformen der Wut, nicht von Wutverhalten. Ich ermutige Sie keineswegs, negative Verhaltensformen zu dulden; ich ermutige vielmehr zum Gebrauch sprachlicher Ausdrucksmittel der Wut, die schließlich in positive Möglichkeiten der Problemlösung umgewandelt werden können.

Ein Beispiel, wie man einem Teenager helfen kann, mit Wut umzugehen, ist das Verhalten einer Bekannten, deren Sohn im Teenageralter mit einer sehr schlechten Mathematikarbeit nach Hause kam.

Jerry, ein aufgeweckter, kontaktfreudiger junger Teenager, kam nach Hause, warf seine Schulbücher auf den Dielentisch und stapfte in die Küche. Als er nichts im Kühlschrank fand, was ihm zusagte, schlug er die Kühlschranktür zu.

„Du könntest eigentlich etwas Essbares im Haus haben, Mutti", knurrte er und machte sich auf den Weg in sein Zimmer, wobei er über die Bauklötze seines kleinen Bruders stolperte. Er brüllte sofort:

„Bobby, komm her und räum die Spielsachen weg! Nur Ärger hat man mit dir! Ich hätte mir ja den Knöchel brechen können!"

„Ok, Jerry, jetzt reichts aber", sagte seine Mutter. „Ich weiß, dass du wegen irgendeiner Sache wütend bist, aber ich glaube nicht, dass es um das Essen im Kühlschrank oder um die Spielsachen deines Bruders geht. Ich finde es gut, dass du deine Wut zum Ausdruck bringst, aber lass uns doch erst einmal in Ruhe herausfinden, worum es eigentlich geht." Sie blieb ganz ruhig und legte Jerry die Hand auf die Schulter. „Ist heute in der Schule irgendetwas schief gelaufen?"

Jerry holte seine Schulmappe vom Dielentisch und gab seiner Mutter die Mathematikarbeit. „Nur wenn man davon ausgeht, dass bei einer Vier in der Mathearbeit etwas schief gelaufen ist", gab er sarkastisch zur Antwort.

„Möchtest du jetzt darüber sprechen oder lieber ein wenig warten?"

„Ich verstehe nicht, warum ich so eine schlechte Note bekommen habe, Mutti." Jerrys Stimme wurde ruhiger. „Die Aufgaben sind richtig. Ich weiß nicht, wie man sie sonst lösen sollte."

„Was hältst du davon, wenn du morgen mit deinem Lehrer darüber sprichst, vielleicht kann er dir sagen, warum er sie als falsch angestrichen hat?"

„Er würde mir nicht zuhören. Er ist ein Besserwisser."

„Wenn du mit ihm sprichst, wirst du vielleicht herausfinden, dass er gar nicht so schlimm ist, wie du denkst. Lehrer schätzen es, wenn Schüler interessiert daran sind zu lernen." Jerry beschloss schließlich, mit seinem Lehrer zu sprechen. Am nächsten Abend war er gut gelaunt. „Stell dir vor, Mutti, du hattest Recht! Mein Mathematiklehrer hatte bei der Bewertung meiner Arbeit einen Fehler gemacht, und jetzt habe ich eine Zwei in der Arbeit."

Es war klug von Jerrys Mutter, dass sie ihn seine Wut in Worte fassen ließ und ihm dann half, die wahre Ursache seiner Wut zu bewältigen.

Es ist so wichtig, dass wir begreifen, dass Wut unvermeidlich ist, ungeachtet ob wir es mit Teenagern, Angestellten, Gewerkschaften oder Regierungen zu tun haben. In jeder menschlichen Beziehung kann Wut entstehen. Wir müssen ebenfalls erkennen, dass die Wut bewältigt werden muss, weil sie sonst eine Eigendynamik entwickelt – und schließlich explosive Sprengkraft besitzt. Je mehr Wut sich aufstaut, umso zerstörerischer kann sie sich auswirken.

> *Es ist wichtig zu begreifen, dass Wut unvermeidlich ist. Aber wir müssen auch erkennen, dass sie bewältigt werden muss.*

Daher müssen wir unseren Teenagern helfen, die Wut „im Keim zu ersticken", wenn sie auf einem Missverständnis beruht. Wenn sie berechtigt ist, sollten wir sie ermutigen, sie auf behutsame, positive Weise zu äußern, um sie so aus der Welt zu schaffen. Der Umgang mit der Wut fällt nicht jedem von Natur aus leicht. Wir als Eltern müssen unsere Kinder dazu anleiten, ihre Wut auf positive Weise zu bewältigen. Wir müssen sie an eine positive, sprachliche Ausdrucksform der Wut heranführen und dürfen Wutausbrüche als Verhaltensform keineswegs dulden. Wir müssen darauf achten, dass unsere Teenager die Wut nicht in sich hineinfressen, und sich so zu passiv-aggressiven Erwachsenen entwickeln.

Ein wütender Erwachsener kann kein produktiver Mensch sein. Er kann sich keiner Autorität unterordnen, auch nicht im geistlichen Bereich. „Denn des Menschen Zorn tut nicht, was vor Gott recht ist" (Jakobus 1,20).

6. Christliche Erziehungsmaßnahmen

Wie sich ein Vater über seine Kinder erbarmt, so erbarmt sich der Herr über die, die ihn fürchten. (Psalm 103, 13)

Ich bin zutiefst bestürzt, wenn ich hier in den Vereinigten Staaten von bekannten christlichen Persönlichkeiten verfasste Bücher über Kindererziehung lese, die empfehlen, man solle ein Kind schlagen, es anbrüllen und kneifen, um es unter Kontrolle zu halten. Diese Autoren gehen allzu leichtfertig über das grundlegendste Bedürfnis eines Kindes hinweg – das Bedürfnis nach bedingungsloser Liebe und Annahme.

In diesem Kapitel werden Sie vergeblich nach der Aussage suchen, dass das Schlagen und das Kneifen eines Kindes vernünftige Methoden der Kindererziehung seien. Auch die Aussage, ein Kind sei ein verderbtes und böses Geschöpf, dessen Wille gebrochen werden muss, werden Sie nicht finden. (Diese Beschreibung las ich auch schon.) Ebenso wenig werden Sie diesem Kapitel entnehmen, dass uneingeschränkte Nachgiebigkeit die Antwort auf alle Sorgen der Kindererziehung sei.

Wenn Sie Ihr Kind mit einer der ebengenannten Methoden erziehen und fest davon überzeugt sind, das Richtige zu tun, werden Ihnen die Aussagen dieses Kapitels vielleicht nicht gefallen. Aber legen Sie bitte das Buch nicht gleich aus der Hand, sondern lassen Sie mich all meine Argumente vortragen. Wenn die Aussagen Ihnen nicht zusagen, weil Sie an eine solche Argumentation nicht gewöhnt sind, werden sowohl Sie als auch Ihr Kind von dieser Lektüre in besonderem Maße profitieren. Sie werden erfahren, dass Sie Ihr Kind auf liebevolle Weise erziehen und dennoch in dem Bewusstsein ruhen können, dass es zu einem ordentlichen Menschen heranwächst. Das Letzte, was Sie im Umgang mit Ihrem Kind anwenden möchten, sind harte Erziehungsmaßnahmen. Ich bin überzeugt, dass viele strenge Maßnahmen überflüssig werden, wenn Sie meine Vorschläge befolgen und sich einige wenige Minuten Zeit nehmen, um die Gründe für das ungezogene Verhalten Ihres Kindes herauszufinden. Das ungezogene Verhalten eines Kindes kann oftmals dadurch verhindert werden, dass man eine Beziehung bedingungsloser Liebe zu ihm aufbaut. Das erfordert Zeit und Geduld, aber gibt es etwas Wichtigeres als Ihr Kind? Es erfordert keinerlei besondere Begabung, einem Kind zu befehlen den Mund zu halten, und jeder ist in der Lage ein Kind zu schlagen, wenn es Widerworte gibt. Zum Schaden für Eltern und Kinder gibt es leider in den Vereinigten Staaten immer noch „Experten" auf dem Gebiet der Kindererziehung, die genau solch ein Verhalten propagieren. Das ist entmutigend, denn es führt dazu, dass ein Kind niemals über das normale passiv-aggressive Stadium hinauswächst, sondern bis ins Erwachsenenalter hinein ein passiv-aggressiver Mensch bleibt.

Liebevolle, christusgleiche Erziehungsmaßnahmen

Ich habe bereits verschiedene Möglichkeiten erläutert, wie man Kindern Liebe vermitteln kann, so zum Beispiel durch Blickkontakt, konzentrierte Aufmerksamkeit und Berührungskontakt. Nun möchte ich etwas ausführlicher auf das Konzept liebevoller Erziehungsmaßnahmen eingehen. Liebevolle Erziehungsmaßnahmen anwenden bedeutet, ein Kind auf den richtigen Weg zu leiten, aber nicht, es unter Zwang auf einen Weg zu führen, der von den Eltern für richtig gehalten wird.

> *Liebevolle Erziehungsmaßnahmen anzuwenden bedeutet, ein Kind auf den richtigen Weg zu leiten.*

Gehen wir noch einmal einen Schritt zurück. Bevor Sie ein Kind auf den richtigen Weg leiten können, muss es von Ihnen bedingungslose Liebe empfangen und fühlen. Ein Kind, das sich ungeliebt fühlt, ist ein wütendes Kind und ein wütendes Kind wird *keinerlei* Erziehungsmaßnahmen positiv aufnehmen.

Immer wenn Sie Ihre Kinder ungerechterweise streng behandeln, übertreten Sie das Gebot aus Epheser 6,4: „Und ihr Väter, reizet eure Kinder nicht zum Zorn, sondern ziehet sie auf in der Zucht und Ermahnung des Herrn." Das englische Wort für Erziehung „discipline" läßt sich auf das Wort „disciple" (Jünger) zurückführen und bedeutet ursprünglich: eine Anweisung, die einem Jünger erteilt wird. Heute wird oftmals eine negativere Auslegung des Wortes vorgezogen. Manche christliche „Experten" auf dem Gebiet der Kindererziehung in Amerika definieren „Erziehung" als „Zwang". Sie erwähnen nur ganz am Rande die Tatsache, dass man ein Kind vor allem lieben muss, um dann in aller Ausführlichkeit Anweisungen zu geben, wie man ein Kind zu einer Verhaltensänderung zwingen kann. Das ist bedauerlich, denn allzu viel Zwang trägt nur dazu bei, ein Kind wütend zu machen. Wie ich bereits erwähnte, kann unterdrückte Wut Kindern großen Schaden zufügen und im Teenageralter viele Probleme hervorrufen. Man hilft ihnen am besten, ihre Probleme zu lösen, wenn man ihnen bedingungslose Liebe entgegenbringt und versucht, den Grund beziehungsweise die Gründe für ihr ungezogenes Verhalten herauszufinden.

Wenn Sie sich im Umgang mit Ihren Kindern die ursprüngliche Bedeutung des Wortes *discipline* (Anweisung an einen Jünger) vor Augen stellen, wird Ihnen das eine große Hilfe sein. Das erste, woran die meisten von uns denken, wenn sie das Wort „Jünger" hören, sind die Jünger Jesu. Der größte Wunsch dieser Männer war es, genauso zu sein wie Christus.

Wie hat Christus Ihrer Meinung nach diese Männer überzeugt, ihm nachzufolgen? Meinen Sie, dass sie an ihn glaubten, nur weil er es ihnen befahl? Natürlich nicht. Die Jünger folgten Jesus, weil sie ihn liebten und weil er sie liebte. „Wir lieben, weil er uns zuerst geliebt hat" (1. Johannes 4,19).

Sie hätten niemals solch radikale Veränderungen in ihrem Leben vorgenommen, wenn sie ihn nicht geliebt und auch seine Liebe gespürt hätten. Durch Christus wurde den Jüngern die Liebe Gottes entgegengebracht und weckte in ihnen das Verlangen, seiner Lehre zu folgen und sein Wort weiterzuverbreiten.

Das wunderbare Beispiel der Beziehung zwischen Christus und seinen Jüngern zeigt uns, dass Liebe und Bewunderung Menschen auf machtvolle Weise motivieren können, die Wertvorstellungen eines anderen zu übernehmen. Diesem Beispiel können Eltern folgen, wenn sie ihre Kinder auf den richtigen Weg leiten. Ein Verhältnis gegenseitiger Liebe ist die beste Art, Kindern die eigenen Wertvorstellungen zu vermitteln. Wenn dieses Fundament erst einmal gelegt ist, werden Ihre Kinder nicht nur Ihren Lebensstil übernehmen, sondern Sie als Eltern werden Ihr wichtigstes Ziel erreichen – Ihre Kinder werden Ihre Glaubensüberzeugungen annehmen.

Erziehung, wie ich sie eben beschrieben habe, ist ein *Anleiten* des Kindes. Strafe ist nur ein Teil der Erziehung, der zudem nur eine sehr unbedeutende Rolle spielt, wenn die emotionalen Bedürfnisse des Kindes erfüllt werden.

Die falsche Anwendung körperlicher Strafen

Jeder kann in einem Augenblick der Wut ein Kind schlagen, aber ein Kind richtig anzuleiten, erfordert Zeit und Geduld. Damit will ich nicht sagen, dass Strafen niemals eingesetzt werden sollten; ich möchte lediglich darauf hinweisen, dass liebevolle Anleitung, die sich auf festgelegte Regeln gründet, für die gesamte Familienstruktur von weitaus größerem Nutzen ist.

Häufig steht die Strafe in keinem Verhältnis zu dem Vergehen des Kindes. Ich sprach einmal mit einer jungen Mutter, deren vierjährige Tochter zwei oder drei Brettspiele aus dem Schrank genommen und beim Spielen alle durcheinander geworfen hatte.

„Ich bekam einen Wutanfall, Dr. Campbell", erzählte die Mutter aufgeregt. „Ich schrie meine Tochter an und verlangte, dass sie alle

Spielsteine sortierte und wieder in die richtigen Schachteln einordnete. Diese Aufgabe war eigentlich zu schwer für sie, aber ich sorgte dafür, dass sie sie ausführte. Fast zwei Stunden lang musste ich sie immer wieder anbrüllen, sodass sie unter Tränen weiterarbeitete, bis sie es schließlich geschafft hatte."

„Wie hätten Sie sich Ihrer Meinung nach in dieser Situation verhalten sollen?", fragte ich die Mutter.

„Mir ist jetzt klar, dass ich ihr hätte helfen sollen. Sie ist noch viel zu klein, um solch eine gewaltige Aufgabe durchführen zu können. Mich bedrückt, dass ich ihr sofort eine Tracht Prügel gab, als ich das Durcheinander sah. Eltern können wirklich grausam sein."

Diese Mutter hat so Recht. Eltern können grausam sein. Diese Grausamkeit ist nicht beabsichtigt, aber sie kommt vor. Manchmal denke ich, dass in Amerika in zu vielen Büchern die körperliche Bestrafung sehr in den Mittelpunkt gestellt wird.

Es macht mich traurig, wenn Menschen die vier Verse aus den Sprüchen betonen, die vom Gebrauch der Rute handeln (13,2; 23,13+14; 29,15), aber Schriftstellen fast gänzlich außer Acht lassen, die von dem grundlegendsten Bedürfnis des Kindes sprechen – dem Bedürfnis nach Liebe. Hunderte von Versen in der Bibel weisen uns an, Verständnis, Mitgefühl, Einfühlungsvermögen, Fürsorglichkeit und Vergebungsbereitschaft zu zeigen. Unsere Kinder sind sehr wertvoll und haben ein Anrecht darauf, dass wir auf solche Weise liebevoll mit ihnen umgehen.

> *Hunderte von Versen in der Bibel weisen uns an, Verständnis, Mitgefühl, Einfühlungsvermögen, Fürsorglichkeit und Vergebungsbereitschaft zu zeigen.*

Ein wichtiger Punkt, der von diesen so genannten Experten auf dem Gebiet der Kindererziehung übersehen wird, ist die Tatsache, dass körperliche Strafen einem Kind körperlichen Schaden zufügen können. Immer wieder wird von schweren Verletzungen berichtet, die Kinder dabei erleiden.

Eine weitere unerwünschte Auswirkung der körperlichen Strafe ist ein gemindertes Schuldbewusstsein. Ein zu großes Schuldgefühl kann sich schädlich auf ein Kind auswirken, aber es muss lernen, ein gewisses Maß an Schuld zu empfinden, damit sich sein moralisches Empfinden entwickelt.

Eine Tracht Prügel ist wie ein reinigendes Gewitter, so viel steht fest. Das Kind empfindet kein Schuldgefühl, weil es für sein Vergehen durch das Erleiden einer körperlichen Strafe bezahlt hat. Die Eltern haben ihrem Ärger Luft gemacht, indem sie dem Kind eine Tracht Prügel gaben, deshalb sieht es zunächst so aus, als sei die Situation gut gemeistert worden.

Daraus zieht das Kind jedoch oftmals nicht die Schlussfolgerung, dass sein ungezogenes Verhalten falsch war, sondern dass es sich beim nächsten Mal nicht erwischen lassen darf.

Sie möchten, dass sich das Gewissen Ihres Kindes normal und gesund entwickelt, damit es sich in zukünftigen Situationen richtig verhält. Für die Entwicklung eines moralischen Empfindens ist ein gelegentliches Schuldgefühl aber durchaus wichtig. Wenn sich Ihr Kind das nächste Mal ungezogen verhält, sollten Sie einmal versuchen, es alleine damit fertig werden zu lassen. Geben Sie ihm Zeit, über sein Verhalten und die Folgen nachzudenken. Mit anderen Worten, geben Sie ihm Zeit, ein gewisses Maß an aufrichtigem Schuldgefühl über sein Vergehen zu empfinden.

> *Für die Entwicklung eines moralischen Empfindens ist ein gelegentliches Schuldgefühl durchaus wichtig.*

Eine weitere Folge körperlicher Bestrafung ist die Identifikation mit dem Aggressor. Auch dies ist eine Möglichkeit, einem Schuldgefühl zu entkommen. Das Kind identifiziert sich mit dem strafenden Elternteil und übernimmt die Einstellung, dass aggressive und beleidigende Handlungen gerechtfertigt seien. Als traurige Folge davon behält das Kind diese Einstellung bis in sein Erwachsenenleben hinein und behandelt seine Kinder und andere Menschen auf dieselbe Weise.

Ich möchte Ihnen daher entschieden raten, sich denen zu widersetzen, die behaupten, dass körperliche Bestrafung ein wichtiges Erziehungsmittel sei. Einige dieser „Experten" haben noch nicht einmal eigene Kinder. Wir wollen uns stattdessen die Haltung Christi zu eigen machen, die er seinen Jüngern täglich vorlebte; wir wollen unsere Kinder bedingungslos lieben, damit sie unseren Lebensstil und unsere Wertvorstellungen gerne übernehmen.

Ich möchte jetzt nicht, dass sie den Eindruck gewinnen, Ihr Kind wird niemals ein ungezogenes Verhalten zeigen, wenn Sie es nur bedingungslos lieben. Ich bin selbst Vater und ich weiß, dass das einfach nicht stimmt! Ich habe jedoch gelernt, dass es viel leichter fällt, auf ungezogenes Verhalten des Kindes richtig zu reagieren, wenn eine vertraute und liebevolle Beziehung zum Kind besteht.

Wenn ein Kind sich ungezogen verhält, sollten wir uns als erstes fragen: „Warum verhält das Kind sich so?" Oder: „Hat es ein Bedürfnis, das ich nicht erfülle oder nicht erfüllt habe?" Unser erster Gedanke sollte *nicht* negativer Natur sein wie zum Beispiel: „Wie kann ich das Kind dazu bringen, dass es sich anders verhält?"

> *Wenn ein Kind sich ungezogen verhält, sollen wir uns als erstes fragen: „Warum verhält das Kind sich so?"*

Erinnern Sie sich an die Geschichte von Daniel in Kapitel 5 dieses Buches? Daniel zeigte ein ungezogenes Verhalten, indem er sich in die Hose machte, weil er sich nicht geliebt fühlte. In dieser Situation sind zwei elterliche Reaktionen denkbar. Wenn seine Eltern auf sein unangemessenes Verhalten reagieren, indem sie ihn bestrafen und ihn auf sein Zimmer schicken, ist sein Problem damit nicht gelöst. Sie gehen auf seine Bedürfnisse nicht ein, und das Problem wird wahrscheinlich erneut auftreten.

Daniels Eltern müssen seine emotionalen Bedürfnisse erfüllen. Sie müssen dafür sorgen, dass er sich geliebt fühlt. Dadurch werden sie den Grund für sein ungezogenes Verhalten aus der Welt schaffen, sodass es in Zukunft nicht mehr auftreten wird.

Manchmal gehen auch Lehrer mit dem Fehlverhalten ihrer Schüler falsch um. Vor einiger Zeit führte ich mit Molly ein Beratungsgespräch und sie berichtete mir von einer für sie sehr schmerzhaften Erfahrung mit ihrem Lehrer.

Molly war drei Tage hintereinander zu spät zum Unterricht erschienen. Am dritten Morgen bestrafte ihr Lehrer sie für ihr Zuspätkommen, indem er sie zwang, sich kriechend an ihren Platz zu begeben. Dann schlug er sie mit einem Lineal auf die Hand. Diese Strafe war sehr hart und wurde von Molly als Bloßstellung empfunden.

Hätte sich der Lehrer die Mühe gemacht nachzufragen, so hätte er herausgefunden, dass sie zu spät gekommen war, weil die Straße, die auf ihrem gewöhnlichen Schulweg lag, gesperrt war. Er hätte außerdem erfahren, dass beide Eltern berufstätig waren und dass Molly sich jeden Morgen allein für die Schule fertig machen musste. Wenn Molly nur in der Lage gewesen wäre, die Gründe für ihr Zuspätkommen anzugeben, bevor der Lehrer solch eine bloßstellende Strafe anwandte, hätte sie vielleicht keine Beratung nötig gehabt. Wenn sich der Lehrer nur einige Minuten Zeit für sie genommen hätte, hätte er ihr vertrauter Freund sein können, anstatt ein strenger Lehrer, vor dem sie keine Achtung hatte.

Ich plädiere nicht dafür, dass Sie ungezogenes Verhalten dulden sollen. Versuchen Sie vielmehr, den Grund für das ungezogene Verhalten herauszufinden. Sobald das geschehen ist, wird das ungezogene Verhalten verständlich und wird sich wahrscheinlich nicht wiederholen.

Ich bin daher der Meinung, dass an erster Stelle die helfenden Maßnahmen stehen, um dem ungezogenen Verhalten eines Kindes entgegenzutreten. Körperliche Strafen können allenfalls an letzter Stelle stehen – als allerletzter Ausweg.

Ich kann mich an ein kleines Mädchen erinnern, das in unserer Nachbarschaft lebte, als ich selbst noch ein Kind war. Sie hatte eine kleine Katze, die sie wie ein menschliches Wesen behandelte. Wir neckten sie oft wegen des Kätzchens und versuchten es ihr wegzunehmen, aber sie verteidigte es mit ihrem Leben. Eines Tages band sie ihm eine Schleife um und ließ es laufen. Die Schleife verhedderte sich in einem Busch und das Kätzchen wurde erdrosselt. Als ihr Vater das herausfand, schlug er sie und brüllte sie in Gegenwart aller anderen Kinder an. Rückblickend ist mir nun klar, dass sie liebende Vergebung für ihr Handeln gebraucht hätte. Sie war kein bösartiges kleines Mädchen und hätte dem Kätzchen niemals mit Absicht Schaden zugefügt.

Sie hätte ein Gespräch unter vier Augen mit ihrem Vater gebraucht, in dem sie ihm anvertrauen konnte, wie sehr sie ihr Handeln bereute und wie traurig sie nun darüber war. Sie hätte die Vergebung und den Trost ihres Vaters gebraucht. Schließlich vergibt uns auch unser Vater im Himmel, wenn wir zugeben, etwas falsch gemacht zu haben – sollten wir uns bei unseren Kindern nicht ebenso verhalten?

Wenn Kinder ihre Handlungen aufrichtig bereuen, brauchen sie Vergebung, die ihnen hilft, mit ihrem Schuldgefühl fertig zu werden. Ich habe an anderer Stelle bereits erwähnt, dass ein gewisses Maß an Schuldgefühl für die Entwicklung des moralischen Empfindens notwendig ist, aber ein zu großes Schuldgefühl kann sich sehr schädlich auswirken. Wenn wir den Kindern das Gefühl empfangener Vergebung vermitteln, bewahren wir sie damit vor unsagbaren Problemen beim Umgang mit der Schuld, die sich bis ins Erwachsenenleben auswirken können.

Strafe allein stellt keine Lösung dar. Strafe ohne bedingungslose Liebe wird eine schlechte Beziehung zwischen Ihnen und Ihrem Kind zur Folge haben. Wenn sich dies fortsetzt, wird Ihr Kind, wenn es einmal herangewachsen ist, keine Ihrer Wertvorstellungen übernehmen wollen und stattdessen bewusst gerade die entgegengesetzte Richtung einschlagen.

Die Bedeutung des elterlichen Lebensstils in der Erziehung

Kleine Kinder haben das Bedürfnis, zu ihren Eltern aufschauen zu können. In den Jahren bis etwa zum dreizehnten Lebensjahr können Sie das Fundament für eine enge Beziehung zwischen Ihnen und Ihrem Kind legen. Konzentrierte Aufmerksamkeit der Eltern stärkt das Kind, weil ihm damit das Gefühl vermittelt wird, dass es etwas ganz Besonderes ist. In dieser Zeit sollte man dem Kind geistliche Werte vermitteln und diese betonen.

Wenn es älter wird, wird es viele Überzeugungen seiner Eltern in Frage stellen. Es kommt vielleicht sogar zu dem Schluss, dass Sie sich in einigen Bereichen Ihres Lebens nicht richtig verhalten. Dennoch hat es immer noch das starke, wenn auch manchmal unbewusste Bedürfnis, seine Eltern lieben und zu ihnen aufblicken zu können. Es liegt also auf der Hand, dass das Vorbild an Güte und Selbstdisziplin, das Sie als Eltern darstellen, das Kind in entscheidendem Maße positiv beeinflussen wird.

Die alte Regel „Tu, was ich sage, und nicht, was ich tue" wird bei Kindern einfach nicht funktionieren. Vor einigen Jahren wurde eine Studie durchgeführt, die sich mit dem zunehmenden undisziplinierten Verhalten von schwedischen Teenagern beschäftigte. Die Wissenschaftler kamen zu dem Ergebnis, dass jugendliche Straftäter nicht notwendigerweise aus ungeordneten, zerrütteten Familienverhältnissen kamen. Ein höherer Prozentsatz von problematischen Jugendlichen kam aus Elternhäusern, in denen die Eltern den Lebensstil, den sie von ihren Kindern verlangten, selbst nicht vorlebten. Gut erzogene Jugendliche dagegen, die ihr Leben meisterten, kamen aus solchen Familien, in denen die Eltern den Lebensstil vorlebten, den sie von ihren Kindern verlangten.

Sie sollten immer daran denken, wenn Sie Ihren Kindern ein Vorbild sein wollen, dass Sie ein Mensch sind und dass Menschen von Zeit zu Zeit müde werden. In den Jahren, in denen sie Kinder großziehen, können sich Eltern seelisch und körperlich verausgaben. Ich empfehle insbesondere den Eltern von Teenagern, auch auf ihr eigenes körperliches Wohlergehen zu achten. Wenn Kinder zu Teenagern herangewachsen sind, sind Eltern schneller gereizt, etwas weniger verständnisvoll und reagieren auf die Wut ihrer Kinder ihrerseits mit Wut. Ich möchte Sie vor dieser Falle warnen. Sorgen Sie sich um Ihre eigene Gesundheit, damit Sie die Kraft haben, Selbstbeherrschung zu üben.

Ihr Kind im Teenageralter wird Sie provozieren oder einige der von Ihnen aufgestellten Regeln brechen. Da Sie darauf vorbereitet sind, sollten Sie zunächst eher strenge und einschränkende Regeln aufstellen. Wenn Ihr Teenager dann älter und vernünftiger wird und unter Beweis stellt, dass er vertrauenswürdig ist und sich angemessen verhält, können Sie ihm allmählich größere Freiheit lassen, und die Bedeutung der elterlichen Kontrolle nimmt immer mehr ab.

> *Wenn Ihr Teenager älter und vernünftiger wird, nimmt die Bedeutung der elterlichen Kontrolle immer mehr ab.*

Durch dieses allmähliche Aufheben von Einschränkungen und das Zugestehen größerer Freiheiten lehren und führen Sie Ihr Kind, sodass es sich im Alter von achtzehn Jahren zu einem verantwortungsbewussten, vertrauenswürdigen und unabhängigen Erwachsenen entwickelt hat. Das ist nicht leicht. Es erfordert Mut, einem Teenager etwas zu verbieten, was andere Eltern ihren Kindern erlauben, von dem Sie aber wissen, dass es für Ihr Kind schädlich wäre.

Einer Sache können Sie sich absolut sicher sein: Ihr Teenager möchte, dass Sie ihn anleiten und auf ihn Acht geben, ob er sich dessen bewusst ist oder nicht.

Ich habe viele junge Leute sagen hören, dass sie das Gefühl haben, ihre Eltern lieben sie nicht, weil ihre Mütter und Väter ihnen gegenüber nicht genug Entschiedenheit und Strenge an den Tag legen. Teenager müssen erfahren, dass ihr Verhalten Konsequenzen nach sich zieht. Sie müssen erleben, dass positives, verantwortungsbewusstes Verhalten positive Konsequenzen hat und unangemessenes, verantwortungsloses Verhalten negative Konsequenzen nach sich zieht. Diese Konsequenzen müssen beständig und gerecht sein und dürfen nicht von der jeweiligen Laune der Eltern abhängig sein. Wiederum ist hier elterliche Selbstbeherrschung von größter Bedeutung.

Es ist gut, die Beziehung zu anderen Eltern zu pflegen, denn dadurch können Sie sich über alle wichtigen Erkenntnisse und Anliegen im Hinblick auf Ihre Kinder austauschen und gemeinsam nach Wegen der richtigen Kindererziehung suchen.

Wenn Sie Ihrem Kind klarmachen, dass Sie bestrebt sind, ihm zu helfen ein verantwortungsbewusster, unabhängiger Mensch zu werden, hat es das Gefühl, dass Sie *auf seiner Seite* sind. Solch eine positive Haltung wird in entscheidendem Maße zur Verbesserung Ihrer Beziehung beitragen.

Die vier verschiedenen Erziehungsstile

Es gibt im Grunde genommen vier verschiedene Erziehungsstile. Der erste beruht auf einem *autoritären* Ansatz. Das Kind steht völlig unter der Kontrolle der Eltern, und Liebe, Blickkontakt, Körperkontakt und konzentrierte Aufmerksamkeit werden ihm vorenthalten.

Der zweite Erziehungsstil ist die *autoritative* Methode, die auf bedingungsloser Liebe beruht und dem Kind ein hohes Maß an Anleitung und, wenn nötig, auch Korrektur bietet. Das Kind erhält in ausreichendem Maße emotionale Zuwendung.

Permissivität, der dritte Erziehungsstil, bietet den Kindern Liebe, Zuwendung und Unterstützung, aber keinerlei Anleitung. Eltern, die diese Methode anwenden, richten sich in der Erziehung nach den eigenen Entscheidungen des Kindes, weisen es nie zurecht und bieten ihm keine umfassende Wegweisung.

Die vierte Methode der Kindererziehung ist eigentlich eher ein völliger Mangel an Erziehung – die *Vernachlässigung.*

Vor einiger Zeit wurde an vier Gruppen von Jugendlichen, die jeweils einem der vier Erziehungsstile ausgesetzt worden waren, eine Studie durchgeführt. Die Untersuchung beschäftigte sich mit folgenden Punkten:

1. *Identifikation mit den Eltern und ihrem Wertesystem*
2. *Übernahme der religiösen Überzeugungen der Eltern*
3. *Identifikation mit autoritätsfeindlichen und gesellschaftlichen Strömungen und Bewegungen*

Die Studie ergab, dass die Kinder, die nach der *autoritativen* Methode erzogen wurden (die Anleitung, Zurechtweisung und Wegweisung, aber auch bedingungslose Liebe erhielten) am besten abschnitten. Sie *identifizierten* sich nicht nur mit dem Wertesystem ihrer Eltern, sondern nahmen nach dem Durchlaufen der autoritätsfeindlichen Phase am ehesten die religiösen Überzeugungen von Mutter und Vater an.

Die Kinder, die nach den Ergebnissen der Studie im Erwachsenenalter die größten Schwierigkeiten hatten, waren diejenigen, die als Kinder einem *autoritären* Erziehungsstil ausgesetzt gewesen waren. Auf diese Weise werden in Amerika die meisten Kinder in christlichen Elternhäusern erzogen, und es überrascht nicht, dass die meisten von ihnen Christus ablehnen. Die zweitschlechteste Möglichkeit der Kindererziehung ist die schlichte *Vernachlässigung* und die zweitbeste die *Permissivität*.

Sind diese Ergebnisse nicht erstaunlich? Die Nachgiebigkeit, vor der christliche Eltern oft entschieden gewarnt werden, ist der autoritären Methode, die christliche Eltern hauptsächlich anwenden, noch vorzuziehen. Noch gravierender ist die Tatsache, dass die autoritäre Methode sogar noch schlechtere Ergebnisse aufweist als die reine Vernachlässigung.

Diese Studie bestätigt meine Überlegungen: der autoritative Weg der Kindererziehung ist der erfolgreichste. Kinder, die auf liebevolle Weise

> *Der autoritative Weg der Kindererziehung ist der erfolgreichste.*

zurechtgewiesen und auf das Erwachsensein vorbereitet werden, werden die geistlichen Wertvorstellungen ihrer Eltern *von sich aus* übernehmen wollen.

Eine Überprüfung ihres Erziehungsstils

Auf die folgenden Situationen, die sich täglich in unserem Umgang mit Kindern ereignen, können Sie folgendermaßen reagieren:

(a) Ich versuche, den Grund für das Verhalten des Kindes herauszufinden und behandle das Problem dementsprechend.

(b) Ich schimpfe es aus und schicke es auf sein Zimmer.

(c) Ich wende sofort eine (körperliche) Strafe an und bespreche das Problem später,

1. *wenn mein Kind lügt,*
2. *wenn mein Kind mit schlechten Schulnoten nach Hause kommt,*
3. *wenn mein Kind sich weigert, seine Mahlzeit zu essen,*
4. *wenn mein Kind mir Widerworte gibt und ich einen harten Tag im Büro gehabt habe,*
5. *wenn mein Kind sich streitet,*
6. *wenn mein Kind jemals einen Diebstahl beginge,*
7. *wenn mein Kind im Teenageralter eine Beule ins Auto fährt,*
8. *wenn mein Kind im Teenageralter nach der festgesetzten Zeit nach Hause kommt,*
9. *wenn mein Kind im Teenageralter anfängt, Drogen zu nehmen,*
10. *wenn mein Kind im Teenageralter bei einer Klassenarbeit täuscht.*

Überprüfen Sie ganz aufrichtig und in aller Ruhe Ihre Antworten auf diese eher zufälligen Fragen. Wenn Sie feststellen, dass bei Ihnen die Antworten „b" und „c" vorherrschen, haben Sie sich wahrscheinlich einen autoritären Ansatz der Kindererziehung zu eigen gemacht. Unterziehen Sie Ihre Methoden der Kindererziehung einer erneuten Prüfung. Fragen Sie sich, ob Sie Ihrem Kind ausreichend liebevolle Zuwendung und positive Wegweisung zukommen lassen. Für die Gesamtentwicklung Ihres Kindes ist es von entscheidender Bedeutung, dass es täglich bewusst Ihre Liebe erfährt.

> *Für die Gesamtentwicklung Ihres Kindes ist es von entscheidender Bedeutung, dass es täglich bewusst Ihre Liebe erfährt.*

7. Kinder wollen lernen

Gewöhnt man einen Knaben an den Weg, den er gehen soll, so lässt er nicht davon, wenn er alt wird! (Sprüche 22, 6)

Der rote Sportwagen kam vor der Gemeinde zum Stehen und zwei gut angezogene etwa acht- und zehnjährige Mädchen kletterten heraus.

„Ihr beide wartet nach der Sonntagsschule auf der Treppe der Gemeinde. Vati und ich holen euch dann um elf Uhr hier wieder ab."

„Ist gut, Mutti. Bis später."

Die Kinder sprangen die Treppenstufen zur Gemeinde hinauf, während die Eltern eilig davonfuhren. Sie wollten nicht zu spät zum Tennisspielen kommen.

„Herrlich, zwei Stunden ganz für uns allein", sagte der Ehemann und schenkte seiner Frau ein Lächeln. „Wir können eine Stunde Tennis spielen und dann noch in Ruhe frühstücken, bevor es Zeit ist, die Mädchen abzuholen. Klingt gut, nicht wahr?"

„Und ob, Liebling. Diese Zeit, die wir jede Woche gemeinsam verbringen, tut uns beiden gut."

Kommt Ihnen diese Szene bekannt vor? Erkennen Sie Ihren Nachbarn oder einige Ihrer Freunde darin wieder? Oder erkennen Sie womöglich gar sich selbst? Im ganzen Land gehört es zum Gemeindealltag, dass Eltern den Gemeindeveranstaltungen fernbleiben.

Kinder lernen durch das Vorbild der Eltern. Was haben diese beiden Mädchen gelernt? Leider haben sie gelernt, dass sie selbst einmal am Sonntagmorgen Tennis spielen gehen können, wenn sie erst so alt sind wie Vati und Mutti.

Diese Eltern haben ihren Kindern vielleicht *gesagt,* dass sie Christen seien, aber ihr *Leben* stimmt mit ihren geistlichen Aussagen nicht überein. Kinder neigen viel eher dazu, ein Wertsystem zu übernehmen, das ihre Eltern *ausleben,* und nicht eines, das sie ihnen mit *Worten* vermitteln. Eltern befmden sich im Irrtum, wenn sie glauben, ihre Kinder täuschen zu können.

Wie Knirpse es lernen, zu vertrauen

Kinder kommen mit einer angeborenen Lernbereitschaft auf die Welt.

In den ersten Monaten ihres Lebens setzen sie ein eingebautes Überlebenssystem ein, indem sie durch kräftiges Schreien auf ihre Bedürfnisse aufmerksam machen.

Eine manchmal vertretene Erziehungstheorie rät Eltern, ihr Baby nicht jedesmal hochzunehmen, wenn es schreit, weil es dadurch angeblich zu sehr verwöhnt wird. Genau das Gegenteil ist der Fall: Babys, die in ihren ersten Lebensmonaten bei jedem Weinen besänftigt wurden, entwickeln sich allem Anschein nach zu kräftigeren, selbstbewussteren Kindern als die, die man allein ließ, um sich „auszuweinen".

Wenn man auf die Bedürfnisse der Säuglinge in diesen ersten Lebensmonaten eingeht, lernen sie, dass es jemanden gibt, der sie liebt.

Ich weiß nicht, wo die Idee, man solle ein weinendes Baby ignorieren, zuerst aufgekommen ist, aber ich bin gänzlich anderer Meinung.

Dadurch, dass Sie auf die Bedürfnisse Ihres Kindes antworten, stellen Sie eine gegenseitige Vertrauensbeziehung zwischen sich und Ihrem Kind her.

Wenn es sich vom Säugling zum Kleinkind weiterentwickelt, wird dieses Vertrauen durch Ihren Umgang mit dem Kind noch wachsen. Sie

> *Dadurch, dass Sie auf die Bedürfnisse Ihres Kindes antworten, stellen Sie eine gegenseitige Vertrauensbeziehung zwischen sich und Ihrem Kind her.*

können Ihrem Kind zum Beispiel zeigen, dass Sie ihm vertrauen, wenn Sie ihm erlauben, Ihnen bei kleinen Arbeiten im Haushalt zur Hand zu gehen.

Wenn Sie die Töpfe und Pfannen wegstellen, lassen Sie auch Ihr Kind etwas einräumen. Mir ist klar, dass ein zweijähriges Kind nicht imstande ist, diese Aufgabe gleich beim ersten Mal richtig auszuführen, aber das macht nichts. Es kommt nur darauf an, dass es etwas lernt. Auch wenn es eine Pfanne verkehrt herum an den falschen Platz stellt, sollten Sie es loben. Lassen Sie das Kind wissen, wie sehr Sie sich über das freuen, was es getan hat.

„Danke, Tony. Das hast du gut gemacht. Ich freue mich, wenn du mir hilfst, das Geschirr einzuräumen." Tony lernt dabei zwei Dinge: Er lernt, dass Sie ihm vertrauen, und er entwickelt Selbstwertgefühl. Wenn Sie versuchen, zu Ihrem Kind im Kleinkindstadium eine Beziehung gegenseitigen Vertrauens aufzubauen, sollten Sie ihm das Leben nicht durch viele Versuchungen unnötig schwer machen. Deshalb schlage ich vor, dass Sie Ihre Wohnung so schlicht wie möglich einrichten. Damit erreichen Sie zweierlei. Zunächst einmal erleichtert es die Hausarbeit, und außerdem müssen Sie dann nicht ständig darauf achten, ob Ihr Kind eine kostbare Vase oder irgendwelchen Krimskrams in die Hand nimmt.

Wenn Sie für ein Kind zu viele verlockende Gegenstände in Ihrem Haus aufstellen, werden Sie Ihr Kind oft anbrüllen müssen, denn man hat nicht immer eine Hand frei, um das kostbare Erbstück zu retten. Das laute Ansprechen des Kindes sollte nur wirklich wichtigen Situationen vorbehalten bleiben.

Vor einiger Zeit nahm ich in einem Buchladen ein Buch von einem amerikanischen christlichen Autor über Kindererziehung zur Hand. Als ich es durchblätterte, glaubte ich meinen Augen nicht zu trauen. Der Verfasser vertrat die Auffassung, es sei nicht nur zulässig, sondern sogar empfehlenswert, Säuglinge im Alter von vier bis fünf Monaten durch laute verbale Ansprache zu tadeln.

Wie ich bereits sagte, ist es manchmal notwendig, das Kind laut zur Ordnung zu rufen, aber im Kinderzimmer eines sechs Monate alten Säuglings ist es bestimmt nicht angebracht! Wenn Ihr kleines

Kind gerade auf eine belebte Straße laufen will, so ist das ein Beispiel für eine Situation, in der eine laute Ansprache notwendig ist. In einem solchen Fall könnte Ihr Anbrüllen dem Kind das Leben retten. Wenn Sie jedoch Ihr Kind bereits seit dem Säuglingsalter ständig laut zur Ordnung rufen, würde es wahrscheinlich Ihren Ruf gar nicht mehr beachten und weiterlaufen.

Derselbe Autor erklärt den Eltern, dass falsche Erziehungsmaßnahmen ihren Kindern keinen Schaden zufügen, weil Kinder flexibel und stark seien und schnell vergessen. Ist es verwunderlich, dass wir heutzutage so viele problembeladene Kinder haben, wenn solche Bücher auf dem Markt sind?

Der Theorie des schweizerischen Wissenschaftlers Jean Piaget zufolge gibt es bei Kindern vier verschiedene Stadien der Lernentwicklung. Die einzelnen Stadien umfassen die Zeit von der Geburt bis zu zwei Jahren, von zwei bis sieben Jahren, von sieben bis elf Jahren und von elf Jahren und darüber.

Zwei- bis Siebenjährige glauben alles aufs Wort, was ihnen ihre Eltern sagen. Bis ein Kind schließlich die Fähigkeit erwirbt, vernünftig zu denken und Dinge in Frage zu stellen, nimmt es alles von den Eltern Gesagte ganz wörtlich. Lassen Sie mich dazu diese heitere Begebenheit erzählen. Der dreijährige Adam saß ruhig im Rücksitz des Autos. Plötzlich meinte er: „Mutti, ich will zu Vati ins Büro und die Affen sehen!" Seine achtjährige Schwester meinte mit kindlicher Ungeduld: „In Vatis Büro gibt es doch keine Affen!" „Gibt es doch!", beharrte Adam hartnäckig. „Heute Morgen beim Frühstück hat Vati gesagt, heute gibt es bei ihm im Büro ein Affentheater." Adams Leichtgläubigkeit verdeutlicht, wie einfach es wäre, unseren Kindern negative Gedanken einzupflanzen, weil sie so vertrauensvoll sind.

Ich muss an einen Vorfall denken, von dem mir ein Freund berichtete. Als er als Kind in der Sonntagsschule war, sagte die Sonntagsschullehrerin, wie froh sie sei, ihnen von Jesus erzählen zu können. „Wisst ihr", fuhr sie fort, „Jesus ist für eure Sünden ans Kreuz gegangen und er möchte, dass ihr ihm nachfolgt."

„Weißt du, was geschah, als ich das hörte? Von da an hatte ich

Angst, in die Sonntagsschule zu gehen, weil ich dachte, ich sollte ans Kreuz genagelt werden wie Jesus."

Meinem Freund erging es ebenso wie Adam. Er glaubte wortwörtlich, was man ihm sagte. Damit möchte ich verdeutlichen, welch wunderbare Gelegenheit sich uns bietet, im Denken dieser gutgläubigen Kleinen ein geistliches Fundament zu legen. In diesen Jahren können Sie das emotionale, körperliche, psychologische und geistliche Wachstum Ihres Kindes auf entscheidende Weise fördern. Es ist überaus wichtig, dass Sie mit der Förderung der Gesamtpersönlichkeit Ihres Kindes bereits in diesem frühen Lebensalter beginnen. Nur ein Mensch, der die Möglichkeit erhält, seine gesamte Persönlichkeit zu entfalten, kann sich zu einem glücklichen, verantwortungsbewussten Erwachsenen entwickeln, der Ihre geistlichen Werte zu einem Teil seines eigenen Lebens werden lässt.

Unsere Kinder reagieren überaus sensibel auf unser Verhalten ihnen gegenüber. Sie merken, wenn wir ihnen etwas nur sagen, weil wir unsere Ruhe haben wollen; sie spüren, dass wir in diesem Augenblick kein echtes Interesse an ihnen haben.

Eine sehr beschäftigte, alleinerziehende Mutter mit drei kleinen Jungen erzählte mir von einer Begebenheit, die sich bei ihr zu Hause zutrug und die veranschaulicht, wie gut unsere Kinder uns kennen. Weil sie die ganze Woche über arbeiten gehen muss, hält sie sich den Samstagvormittag frei, um mit ihren Söhnen etwas zu unternehmen.

Sie gehen dann gemeinsam einkaufen oder unternehmen andere Dinge, die ihnen Freude machen.

Als sie ihnen an einem besonders hektischen Samstag beim Anziehen half, weil sie alle gemeinsam ins Einkaufszentrum gehen wollten, bat der Älteste sie, ihm die Schuhe zuzubinden.

„Setz dich hier auf den Stuhl, dann binde ich sie dir zu", meinte sie ganz in Gedanken. Er gehorchte sofort, und als er mit fertig geschnürten Schuhen vom Stuhl herunterhüpfte, baten erst der Zweitälteste und dann der Kleinste um dieselbe Hilfe.

Als der Älteste merkte, dass ihre Mutter ihnen nicht richtig zuhörte und sie gar nicht beachtete, schnürte er sich die Schuhbänder wieder auf und kletterte erneut auf den Stuhl. „Bindest du mir die Schuhe zu, Mutti?", bat er noch einmal. Der zweite Junge merkte, was los war, und löste verhalten kichernd seine Schuhbänder.

„Natürlich", meinte die Mutter und begann mit der zweiten Runde der Schuhschnüraktion. Bevor der dritte Junge auf den Stuhl klettern konnte, merkte die Mutter, was hier gespielt wurde. Wenn man bedenkt, wie schwierig es für eine junge Mutter mit drei Kindern ist, den Alltag zu meistern, wird dieser amüsante Vorfall verständlich. Wahrscheinlich gab es noch andere Begebenheiten, bei denen die Jungen ungerecht behandelt wurden. Der Mutter ist es aber gelungen, die Familie zu einer starken Einheit zu machen, in der die Jungen Geborgenheit erleben, und so bleiben diese negativen Vorfälle bedeutungslos.

Wenn Ihr Kind älter wird und keine elterliche Hilfe bei einfachen Tätigkeiten wie dem täglichen Anziehen oder Baden braucht, ist es sehr leicht für Sie, die gewonnene Zeit für andere Dinge zu verwenden. Es besteht aber die Gefahr, dass Sie dadurch immer weniger Zeit mit Ihrem Kind verbringen. Es ist schwer, ja manchmal scheinbar unmöglich, in unserer hektischen Welt Zeit aufzubringen, aber Sie müssen es dennoch tun. Sie müssen sich – auch wenn es schwer fällt – jeden Tag ein wenig Zeit für Ihr Kind nehmen, selbst wenn Sie damit etwas aufgeben, was Ihnen persönlich sehr wichtig ist.

Die Bedeutung des Zusammenseins in der Familie

Heutzutage sind Kinder mehr als je zuvor dem Einfluss außerfamiliärer Kräfte ausgesetzt. Oft wollen Kinder lieber ihre Zeit vor dem Fernseher verbringen als mit ihren Eltern. In Anbetracht der angebotenen Sendungen haben Sie nur umso mehr Grund, Zeit mit Ihrem Kind zu verbringen.

Kinder sind von Natur aus lernbegierig. Wenn Sie sich nicht die Zeit nehmen oder nicht die Zeit haben, sie zu lehren, werden sie von jemand anderem lernen. Sie sind überaus anfällig für schädliche außerfamiliäre Einflüsse. Studien haben gezeigt, dass zum Teil schon elfjährige Kinder mit Drogen und Alkohol experimentieren.

Wenn man sein Kind lehren möchte, sollte man es am eigenen täglichen Leben teilhaben lassen.

> *Wenn man sein Kind lehren möchte, sollte man es am eigenen täglichen Leben teilhaben lassen.*

Passen Sie die Schilderung Ihrer Erlebnisse dem Reifegrad Ihres Kindes an und geben Sie Ihrem Kind weiter, was sich gerade in Ihrem Leben ereignet. Auf diese Weise kann das Kind aus Ihren Erfahrungen lernen und wird eher bereit sein, Ihr Wertsystem zu übernehmen.

Wenn Sie sich mit Ihren Problemen an Gott wenden, sollten Sie Ihrem Kind von Gebetserhörungen berichten. Helfen Sie ihm zu verstehen, dass Sie im Gebet Trost finden. So lernt es auf einfache Weise das Wirken Gottes in Ihrem Alltagsleben kennen.

Auch das Vorlesen ist eine gute Möglichkeit, ein Kind zu lehren. Sie erreichen dadurch mehrere Dinge. Zunächst einmal schenken Sie ihm körperliche Zuwendung, weil Kinder meistens auf dem Schoß der Eltern sitzen, wenn Geschichten vorgelesen werden, und darüber hinaus lernt das Kind den Inhalt des Buches kennen. Die Zeit vor dem Einschlafen ist gewöhnlich die beste Zeit zum Vorlesen, besonders für berufstätige Eltern, die sich jede Minute einteilen müssen.

Erzählen Sie von Zeit zu Zeit auch einmal andere als christliche Geschichten – besonders solche, die Sie sich selbst ausgedacht haben. Meine Kinder erinnern sich immer noch an einige Geschichten, die ich mir damals für sie ausgedacht habe. Fast immer wollten sie eine von „Vatis Geschichten" hören, bevor wir schließlich das Licht im Kinderzimmer löschten.

Das Vorlesen und Geschichtenerzählen ist eine der besten Gelegenheiten des ganzen Tages für ein vertrautes Zusammensein mit Ihrem Kind. Eltern, die zu mir in die Beratung kommen, rate ich immer, jeden Abend einige Minuten am Bett eines jeden Kindes zu verbringen. Sprechen Sie über die Freuden und die Sorgen des vergangenen Tages, lesen Sie ihm etwas vor und beten Sie anschließend mit ihm. Sie bereichern nicht nur das Gefühlsleben Ihres Kindes, sondern auch sein intellektuelles Wissen, indem Sie gehaltvolle, lehrreiche und interessante Geschichten auswählen.

Eine Mutter erzählte mir, dass sie sich mit einigen Klassikern vertraut machen wollte, und sich deshalb einige Bücher aus der Bücherei auslieh. Dann schlug sie ihrem Mann und ihrem vierzehnjährigen Sohn vor, ihnen im Wohnzimmer etwas daraus vorzulesen. „Sie können sich vorstellen, was ein Vierzehnjähriger davon hält, dass seine Mutter ihm etwas vorliest", sagte sie. „Aber ich traf eine Abmachung mit ihm. Ich sagte ihm, er brauche nur eine halbe Stunde zuzuhören, dann könne er gehen. Da es ein verschneiter Tag war, an dem ohnehin nichts los war, willigte er ein. Als die halbe Stunde um war, sagte ich ihm, dass er jetzt gehen könne. Aber er blieb."

Das Vorlesen und Geschichtenerzählen ist eine der besten Gelegenheiten des ganzen Tages für ein vertrautes Zusammensein mit Ihrem Kind.

„Na ja, jetzt bin ich schon einmal da, dann kann ich auch noch das Ende hören", meinte er verlegen. „Außerdem wärst du wahrscheinlich wütend, wenn ich ginge."

Diese Mutter hat sehr klug gehandelt. Sie hat nicht nur ihr eigenes Wissen erweitert, sondern es ist ihr gelungen, die Familie an einigen Winterabenden zusammenzubringen.

„Wir sind dadurch auf vielerlei Weise bereichert worden", meinte sie abschließend. „Wir haben neues Wissen gewonnen, wenn wir uns anschließend über das Gelesene unterhielten, und es herrschte eine Atmosphäre der Liebe und der Zusammengehörigkeit."

Es war nicht selbstverständlich, dass sich der Teenager auf diese Sache einließ. Durch diesen Bericht wird deutlich, dass bei Kindern zu dem Bedürfnis, sich von ihren Eltern geliebt zu fühlen, mit zunehmendem Alter auch das Bedürfnis hinzukommt, selbstständige Entscheidungen zu treffen.

Stellen sie sich vor, wie positiv es sich auswirken würde, wenn Sie das Vorlesen von Geschichten bereits in den frühen Lebensjahren Ihres Kindes zu einem Teil des Familienlebens machten. Es wäre eine gewaltige Bereicherung für die ganze Familie.

Man kann nicht früh genug anfangen

Für das spätere Leben Ihres Kindes ist es von entscheidender Bedeutung, dass Sie in seinen ersten Lebensjahren, in denen es so lernbegierig und beeinflussbar ist, Zeit mit ihm verbringen. In diesem Alter hat das Kind Ihnen gegenüber eine positivere Einstellung, und es ist die beste Zeit, *ihm Glaubensüberzeugungen zu vermitteln.* Kinder lernen bereitwillig geistliche Wahrheiten und durch den Besuch der Sonntagsschule wird der geistliche Lernprozess fortgesetzt und das zu Hause von den Eltern erworbene Wissen erweitert.

> *Früh erworbenes Wissen begleitet die Kinder ihr ganzes Leben lang.*

Früh erworbenes Wissen begleitet die Kinder ihr ganzes Leben lang. Wenn Sie beständig und fürsorglich Ihr Kind mit bedingungsloser Liebe umgeben, hat es die besten Chancen, zu einem starken, selbstbewussten Teenager und Erwachsenen heranzuwachsen.

Vor kurzem besuchte eine meiner Bekannten ein Seminar, in dem es um das Alte Testament ging. Vor vierzig Jahren war sie als Kind in einer Sommer-Bibelfreizeit gewesen, und was sie damals gelernt hatte, hatte sie niemals vergessen.

Beim Abschlusstest des Kurses sollte sie unter anderem die Bücher des Alten Testamentes und die Zehn Gebote aufführen. An dies Wissen konnte sie sich noch aus der Zeit erinnern, als sie damals die Bibelfreizeit besucht hatte. Warum? Zunächst einmal ist sie Christ, und dieses Wissen stand ihr also ständig vor Augen. Darüber hinaus war ihr dieses Wissen aber in Erinnerung, weil ihr Denken so formbar und aufnahmefähig gewesen war, als es ihr das erste Mal vermittelt wurde.

Die geistlichen Wertvorstellungen, die Eltern ihren Kindern vermitteln, begleiten diese durch die Jahre hindurch. Ich muss an die Geschichte eines Kriegsgefangenen im Vietnamkrieg denken, der sieben Jahre in Nordvietnam in Gefangenschaft verbrachte. Als die Wochen sich hinzogen und zu Monaten wurden, rief er sich Bibelverse und geistliche Lieder aus seiner Sonntagsschulzeit in Erinnerung, um sein Denken zu trainieren. Bald halfen ihm diese Übungen, seine Beziehung zu Gott zu erneuern. Dieser junge Hauptmann hatte als Erwachsener nicht als entschiedener Christ gelebt, aber die Erinnerung an die christliche Unterweisung in seiner Jugendzeit schenkte ihm in diesen sieben Jahren der Gefangenschaft Kraft.

Ihr Kind wird vielleicht nicht mit fünfzig Jahren an einem Seminar teilnehmen und es ist mein Gebet, dass es niemals in Kriegsgefangenschaft geraten wird. Ich gebe die Erfahrungen dieser beiden so grundverschiedenen Menschen weiter, um zu verdeutlichen, warum es so dringend erforderlich ist, Ihrem Kind in einem frühen Alter geistliche Wertvorstellungen zu vermitteln.

Es ist interessant, dass die allgemeine Atmosphäre, in die eine Lernerfahrung eingebettet ist, in entscheidendem Maße dazu beiträgt, wie das Wissen aufgenommen und behalten wird. Kinder, die in einer liebevollen Atmosphäre unterrichtet werden, können nachher nicht nur Aussagen über den Inhalt des Gelernten machen, sondern können sich gewöhnlich auch an den Menschen oder an den Ort erinnern, mit dem die Lernerfahrung in Zusammenhang steht.

> *Es ist interessant, dass die allgemeine Atmosphäre, in die eine Lernerfahrung eingebettet ist, in entscheidendem Maße dazu beiträgt, wie das Wissen aufgenommen und behalten wird.*

Kürzlich kam eine alleinerziehende, berufstätige junge Mutter von zwei Kindern zu mir in mein Büro. „Wissen Sie, Dr. Campbell, ich mache mir solche Sorgen darüber, dass ich meinen Töchtern nicht das geben kann, was ich selbst als Kind erfahren habe. Meine Mutter war nicht berufstätig und jeden Morgen konnte ich mich am Frühstückstisch mit ihr einige Minuten in aller Ruhe unterhalten.

Ich kann mich immer noch an unsere Küche erinnern und daran, wie Mutter den Küchentisch für uns freimachte. Als ich sehr klein war, brachte sie mir dann das Alphabet und die Zahlen bei. Sie lehrte mich, wie man zeichnet und mit Wasserfarben malt. Als ich älter wurde, sprachen wir über alles, angefangen von Schnittmustern für Kleider bis zu Verabredungen mit jungen Männern. Ich glaube, in diesen Stunden, die ich morgens mit ihr verbrachte, lernte ich einige der wichtigsten Lektionen meines Lebens."

Diese Mutter hatte ein Beratungsgespräch mit mir vereinbart, weil sie befürchtete, sie könne die Entwicklung ihrer Kinder zu produktiven, selbstbewussten Erwachsenen nicht ausreichend fördern. Ich machte ihr den Vorschlag, sich jeden Tag etwas Zeit zu nehmen und ihren Töchtern ganz gezielt konzentrierte Aufmerksamkeit zu schenken.

Ich musste ihr Recht geben, dass das nicht einfach sein würde, aber es war alle Anstrengungen wert. Konzentrierte Aufmerksamkeit in einer liebevollen Atmosphäre fördert das Selbstwertgefühl Ihres Kindes, das für sein allgemeines Wohlergehen so überaus wichtig ist. Sie können ihm gar nicht genug positive, liebevolle Aufmerksamkeit schenken. Ein glückliches, selbstbewusstes Kind nimmt die geistlichen Wertvorstellungen seiner Eltern viel bereitwilliger auf.

Bevor wir uns in die komplizierten Probleme von Teenagern vertiefen, möchte ich zum Abschluss dieses Kapitels noch einmal betonen, dass die ersten Lebensjahre eine wunderbare Gelegenheit bieten, ein sicheres Fundament im Leben Ihres Kindes zu legen. Kinder sind wie Schwämme, die begierig alles aufsaugen, was ihnen von ihrer Umgebung angeboten wird. Daher leuchtet es ein, dass sie eine weitaus bessere Chance haben, sich zu gesunden Erwachsenen zu entwickeln, wenn sie emotional, körperlich, intellektuell und geistlich in diesen Jahren gefördert werden.

Bedingungslose Liebe ist äußerst wichtig. Säuglinge, die nur wenig mehr als die routinemäßige körperliche Pflege erhalten, machen langsamere Lernfortschritte als andere Kinder. Häufig ist ihr Gefühlsleben beeinträchtigt, wodurch ihr allgemeines Wachstum behindert und ihre Möglichkeiten begrenzt werden. Sie entwickeln sich oftmals zu wütenden, unzufriedenen Erwachsenen, die nicht in der Lage sind, die geistlichen Werte ihrer Eltern zu übernehmen.

Wenn Ihr Kind weiß, dass es geliebt wird, wird es mit Sicherheit sein ganzes Leben lang Ihrem Vorbild folgen wollen, weil es Sie respektiert. Daher sollten Sie darauf achten, nicht nur im geistlichen Bereich, sondern auch in jedem anderen Lebensbereich ein gutes Vorbild zu sein. Vor einigen Jahren wurde Freunden von uns nach fünfzehnjähriger Ehe ein Sohn geboren. Von allen Karten und Glückwünschen, die sie erhielten, gefiel ihnen ein Gedicht am besten und der Vater hat es noch heute auf seinem Schreibtisch stehen. Ich weiß nicht, wer es geschrieben hat, aber es ist ein äußerst passender Abschluss für dieses Kapitel:

Ein kleiner Wicht folgt mir nach

Ich geb auf meine Wege Acht –
ein kleiner Wicht, er folgt mir nach.
Vom Wege abirrn darf ich nicht,
sonst folgt er mir, der kleine Wicht.

Mit wachen Augen sieht er mich,
will einmal werden so wie ich.
Was er an mir sieht, das versucht auch er
und stapft mir fröhlich hinterher.

Der kleine Wicht, er hört auf mich,
glaubt alles unerschütterlich.
Geh ich ins Dunkel oder Licht,
er folgt mir nach, der kleine Wicht.

Ich muss dran denken jeden Tag,
auch wenn es mir oft schwerfalln mag:
Für seine Zukunft hat das Heute schon Gewicht,
er folgt mir nach, der kleine Wicht.

8. Teenager wissen viel mehr, als Sie denken

Seid freundlich und geduldig, gebt andere nicht so schnell auf und dient einander in selbstloser Liebe! (Epheser 4,2)

Wenn Ihr Kind zu einem Teenager herangewachsen ist, ist der Tag der Abrechnung gekommen. Wenn Sie es beständig mit bedingungsloser Liebe umgeben haben, ihm ein gutes Vorbild gewesen sind und ihm durch Wort und Tat christliche Wertvorstellungen und Prinzipien vermittelt haben, wird Ihre verantwortungsvolle Aufgabe dem heranreifenden jungen Menschen gegenüber um vieles leichter sein. Seien Sie ihm auch weiterhin ein gutes Vorbild und sorgen Sie dafür, dass seinen emotionellen Bedürfnissen Rechnung getragen wird.

Wenn Sie dies beherzigen und gleichzeitig Festigkeit und Geduld aufbringen, werden Sie und Ihr Kind die nächsten vier oder fünf kritischen Jahre gut überstehen.

Ihr Teenager ist kein Kind mehr, das Ihnen jedes Wort glaubt und alle Ihre Handlungen gutheißt. Auch wenn Sie ihn mit bedingungsloser Liebe umgeben haben, wird er Ihr Handeln in Frage stellen. Ja, selbst wenn seine ersten Lebensjahre relativ problemlos verlaufen sind, wird er dennoch beim Erreichen des geheimnisvollen dreizehnten Lebensjahres mit der typischen Haltung des Jugendlichen ausrufen: „Nein, das mache ich nicht!"

> *Ihr Kind im Teenageralter wird Sie und Ihr Handeln hinterfragen, weil der Schöpfer die Sehnsucht in es hineingelegt hat, seine eigene Identität zu entwickeln.*

Hier sind nun liebevolle, aber feste Regeln und viel Geduld gefragt. Ihr Kind im Teenageralter wird Sie und Ihr Handeln hinterfragen, weil der Schöpfer die Sehnsucht in es hineingelegt hat, seine eigene Identität zu entwickeln. In den nächsten Jahren wird es allmählich lernen, das elterliche Nest zu verlassen, und dieser Ablösungsprozess ist alles andere als leicht.

Kürzlich schlug ich abends die Zeitung auf und fand darin das Foto eines Mannes neben einem ungefähr drei Meter großen Schild, auf dem stand: „Vollständiger Satz Lexika zu verkaufen – nie benutzt. Sohn im Teenageralter weiß alles!" Das ist gewiss eine originelle Art, Lexika zu verkaufen. Ironischerweise weiß Ihr Kind im Teenageralter *wirklich* alles, nämlich alles über *Sie,* und darauf kommt es an.

Wenn Ihr Kind zu einem Jugendlichen herangewachsen ist, weiß es genau, wie Sie denken und was Sie denken. Es weiß, dass Sie möchten, dass es Ihre Glaubensüberzeugungen übernimmt; es weiß, dass Sie möchten, dass es gute Schulnoten nach Hause bringt; es weiß, was Sie wütend macht; es weiß, was Sie froh macht.

Den Ärger um die Hausaufgaben reduzieren

Ständiges Herumnörgeln an Ihrem Teenager führt nur dazu, dass er wütend wird. Je wütender er wird, umso geringer ist die Wahrscheinlichkeit, dass er das tun wird, was Sie von ihm erwarten. Die beste Lösung besteht darin, feste Regeln aufzustellen, mit denen alle in Ihrer Familie leben können und dem Teenager zu helfen, sich an diese Regeln zu halten.

> *Die beste Lösung besteht darin, feste Regeln aufzustellen, mit denen alle in Ihrer Familie leben können und dem Teenager zu helfen, sich an diese Regeln zu halten.*

Schularbeiten müssen zum Beispiel vor dem Zubettgehen erledigt werden. Ihr Teenager weiß das. So lautete die Regel für seinen älteren Bruder und so lautet die Regel für ihn. Am uneffektivsten ist es, wenn Sie ihn beispielsweise jede halbe Stunde daran erinnern, dass er seine Hausaufgaben erledigen soll. Das Einzige, was dabei herauskäme, wären Gereiztheit und nachlässig erledigte Hausaufgaben. Wenn Sie ihn alle fünf Minuten ermahnen, dass er seine Hausaufgaben machen soll, ist es so ähnlich, als sagten Sie ihm, dass die Erde rund ist Ö er weiß es bereits und er wird es sehr bald leid sein, es ständig wieder zu hören.

Stellen Sie sich vor, Sie feiern mit Ihrem Sohn seinen dreizehnten Geburtstag. Seine Gäste warten darauf, dass er die Kerzen auf dem Geburtstagskuchen ausbläst, aber Sie nehmen ihn beiseite, legen den Arm um seine Schulter und sagen: „Mein Sohn, die Erde ist rund. Ich möchte, dass du daran denkst."

„Sicher, Vati, das weiß ich doch." Dann möchte er die Kerzen ausblasen und weiterfeiern, aber Sie unterbrechen ihn noch einmal und sagen: „Ich weiß, dass du es weißt, aber ich möchte dich nur noch einmal daran erinnern."

„Ist gut, Vati, ich werde daran denken."

Am nächsten Tag gehen Sie auf Ihren Sohn zu und sagen wieder: „Weißt du, mein Sohn, die Erde ist rund. Hast du das verstanden?"

„Ja, Vati, das hast du mir gestern schon gesagt."

Am dritten Tag sagen Sie wieder: „Mein Sohn, ich möchte, dass du weißt, dass die Erde rund ist."

„Meine Güte, Vati, das sagst du mir nun schon seit drei Tagen. Für wie dumm hältst du mich eigentlich?"

Stellen Sie sich vor, wie Ihrem Sohn zumute wäre, wenn Sie ihm Tag für Tag, Woche für Woche, Monat für Monat, Jahr für Jahr das Gleiche erzählten. Er könnte es sehr bald nicht mehr ertragen und würde mit zerstörerischer Wut reagieren.

Ich möchte Ihnen erzählen, wie wir in unserer Familie mit dem Problem der Hausaufgaben umgehen. Gleich nach dem Abendessen warte ich einen Moment ab, in dem die Jungen guter Laune sind und frage sie nach ihren Hausaufgaben: „Habt ihr heute Abend noch Hausaufgaben zu machen?"

Die Antwort lautet gewöhnlich: „Ja, eine ganze Menge."

„Gut, dann erledigt sie vor dem Schlafengehen", gebe ich dann freundlich und unbeschwert zur Antwort. Dann sage ich nichts mehr zum Thema Hausaufgaben. Wenn sie Hilfe brauchen, helfe ich ihnen, aber ich verrate ihnen nicht die Antworten. Ich lese gewöhnlich das Lernmaterial durch und gebe ihnen einen Hinweis darauf, wo man die Antwort finden könnte.

Wenn Sie mit solch einer Einstellung an die Hausaufgaben Ihres Kindes herantreten, hat das zwei Vorteile: Sie vermeiden es, Ihr Kind wütend zu machen, indem Sie die Situation hochspielen, und Sie lehren es, dass es die Verantwortung für seine Hausaufgaben selbst übernehmen muss.

Wenn Sie bisher im Hinblick auf die Hausaufgaben Ihres Teenagers eine autoritäre Methode angewandt haben und jetzt zu einer mehr autoritativen übergehen, könnte es sein, dass er die Verantwortung für seine Hausaufgaben nicht sofort übernimmt. Es kann möglicherweise eine „tote Zeit" auftreten, in der weder Sie noch er sich verantwortlich zeigen. In dieser Zeit werfen die meisten Eltern das Handtuch und beginnen wieder, ihren Kindern auf die Finger zu sehen, bis die Arbeit ausgeführt *ist*. Geben Sie nicht so schnell auf.

Am Anfang mögen sich die Schulnoten Ihres Teenagers verschlechtern, aber bleiben Sie standhaft und haben Sie Geduld. Wenn Ihr Teenager erst einmal erkennt, dass er für seine Schulnoten selbst verantwortlich ist, wird er diese Verantwortung auch übernehmen.

Auf diesem Gebiet unterscheiden sich die 25-Prozentler und die 75-Prozentler grundlegend voneinander. Die 75-Prozentler versuchen, mit so wenig Arbeit wie möglich davonzukommen, weil sie nicht das Bedürfnis haben, andere zufrieden zu stellen. Wenn Sie die Situation richtig (d.h. ohne Gereiztheit) angehen, wird der 75-Prozentler sich nicht unter Druck gesetzt fühlen, aber er wird trotzdem nur so viel tun, wie er braucht, um gerade durchzukommen. Der 25-Prozentler wird dagegen in der Regel ohne Widerspruch gleich die Verantwortung für seine Hausaufgaben übernehmen.

Nehmen wir zum Beispiel David, meinen 75-Prozentler. Er ist

ein intelligenter junger Mann ohne irgendwelche Lernschwierigkeiten und doch erhielt er in der siebten, achten und neunten Klasse
nur durchschnittliche Noten. Ich setzte ihn aber nicht unter Druck,
weil ich wusste, dass dieser Junge eines Tages die Verantwortung
für seine Noten selbst übernehmen musste. Ich wusste, dass es
unmöglich war, ihn zu einem verantwortungsbewussten Verhalten
zu *zwingen*.

Ich weiß, wie schwer es Eltern fällt
einzusehen, dass sie ihre Kinder nicht
zur Übernahme von Verantwortung
zwingen können, aber es ist eine Tatsache. Der einzige Weg, Verantwor-
tungsbewusstsein in Ihrem Teenager
wachzurufen besteht darin, ihm die
Verantwortung nicht abzunehmen,
sondern ihm ein Vorbild zu sein, an
dem er sich orientieren kann.

> *Der einzige Weg,*
> *Verantwortungsbewusstsein*
> *in Ihrem Teenager*
> *wachzurufen, besteht*
> *darin, ihm*
> *die Verantwortung nicht*
> *abzunehmen, sondern ihm*
> *ein Vorbild zu sein, an dem*
> *er sich orientieren kann.*

Kehren wir zu David zurück. Wie
ein typischer 75-Prozentler behielt er
einen Notendurchschnitt bei, der es
ihm gerade noch erlaubte, an Sport-
veranstaltungen und anderen Aktivitäten außerhalb des Stunden-
plans teilzunehmen. Dann fragte ihn eines Tages seine Schwester:
„David, hast du dich schon entschieden, auf welche Universität du
gehen wirst?"

„Nein, noch nicht", anwortete er ohne großes Interesse. Kurz
darauf erzählte ihm ein Freund aus einer höheren Jahrgangsstufe,
dass er im darauffolgenden Jahr ein Studium an der angesehenen
Yale-Universität beginnen würde.

„Mann, das ist ja toll! Was für einen Notendurchschnitt braucht
man denn, um dort studieren zu können?"

Sein Freund gab ihm die gewünschte Auskunft.

David überprüfte seine Zeugnisnoten und fand heraus, dass sein
Notendurchschnitt wesentlich darunter lag. Zunächst änderte sich
nichts daran. Dann diskutierten noch weitere seiner Freunde in

den höheren Jahrgangsstufen darüber, an welcher Universität sie studieren wollten. David erkannte allmählich, dass er selbst die Verantwortung für bessere Schulnoten übernehmen musste, wenn sein Leben in der von ihm gewünschten Richtung verlaufen sollte. Es war erstaunlich! Langsam aber sicher wurden die Schulnoten immer besser und er wurde später bei der Universität seiner Wahl angenommen.

Auf diese Weise lernen die meisten 75-Prozentler eigenverantwortliches Handeln. Im Hinblick auf den Glauben ist es haargenau dasselbe.

Wenn wir unseren Kindern jeden Tag sagen, dass die Erde rund ist, werden sie nur immer wütender. Wenn wir es vermeiden, sie unter Druck zu setzen, ist die Wahrscheinlichkeit größer, dass sie unsere geistlichen Wertvorstellungen übernehmen. Es mag manchmal nicht den Anschein haben, aber die Frucht geht erst zu einem späteren Zeitpunkt auf.

Wir müssen dafür sorgen, dass wir den emotionalen Bedürfnissen unseres Teenagers gerecht werden und selbst ein Leben führen, das den geistlichen Wertvorstellungen der Bibel gerecht wird. Wir müssen außerdem Geduld mit seinen Wutausbrüchen haben. Wie bereits in Kapitel 5 erläutert wurde, ist es von entscheidender Bedeutung, dass der Jugendliche seine Wut sprachlich äußert und dass er lernt, seine Wut auf angemessene Weise zum Ausdruck zu bringen.

Versagen ist keine Schande

Teenager kennen unsere Denkweise genau. Das Gefährliche daran ist, dass wir ihnen unsere negativen Einstellungen ebenso leicht vermitteln können wie unsere positiven Wertvorstellungen. Wie gehen Sie zum Beispiel mit dem eigenen Versagen, dem Ihres Ehepartners oder Ihres Kindes um? Häufig wird heutzutage in den Familien über Versagen nicht gesprochen.

In der folgenden Geschichte wird deutlich, wie eine typische

Reaktion auf Versagen aussieht: Ryans Tante war zu einem kurzen Besuch vorbeigekommen und seine Mutter berichtete ihr stolz von Ryans Noten im Zeugnis: „Er hat eine Eins und zwei Zweien", erzählte sie Tante Janice. „Wir sind so stolz auf diese Noten."

„Aber Mutti, ich habe doch auch eine ...", aber Ryan konnte den Satz nicht zu Ende führen, weil seine Mutter ihn unterbrach.

„Ryan, würdest du bitte Tante Janice noch etwas Kaffee holen? Er steht in der Küche."

Ryan hatte sagen wollen, dass seine Mutter nicht das ganze Zeugnis vorgelesen hatte. Er hatte auch noch eine Drei.

In Ryans Familie wird über Versagen nicht gesprochen. Wir strahlen vor Stolz, wenn wir von persönlichen oder familiären Erfolgen erzählen, aber über Versagen wird wenig gesprochen. Wenn wir mit unseren Kindern über unsere eigene Kindheit reden, erinnern wir uns voller Stolz an die Erfolge unserer Jugendzeit, aber kommen irgendwie nie dazu, auch die Fehler von damals zu erwähnen.

Sollten wir in dem Bewusstsein, dass Teenager unsere Einstellungen und Erwartungen genau kennen, nicht auch damit rechnen, dass sie – genau wie auch wir – immer wieder versagen werden? Sollten wir nicht von ihnen erwarten, dass sie Versagen ebenso wie Erfolg als einen Teil menschlichen Lebens begreifen lernen?

> *Sollten wir nicht von unseren Teenagern erwarten, dass sie Versagen ebenso wie Erfolg als einen Teil menschlichen Lebens begreifen lernen.*

Ein sehr sportlicher, erfolgreicher Vater kam mit seinem unglücklichen, verschlossenen und depressiven vierzehnjährigen Sohn zu mir. Der Vater hatte mir erzählt, dass er alleinstehend war und das Sorgerecht für seinen Sohn hatte.

„Er hat zu nichts mehr Lust", sagte der offensichtlich sehr selbstbewusste Vater. Der Junge stand mit gesenktem Kopf neben seinem Vater.

„Kommen Sie doch herein und setzen Sie sich. Wir wollen es uns gemütlich machen. Treibst du gerne Sport, Don?"

„Nein, ich bin in keiner Sportart besonders gut. Eine Zeit lang habe ich mal Baseball gespielt, aber ich war nicht gerade umwerfend."

„Er hat es einfach aufgegeben", schaltete sich sein Vater ein. „Ich habe ihm gesagt, dass er nie etwas erreichen wird, wenn er immer gleich aufgibt."

Ich sah den Vater an und sagte: „Ich würde gerne einen Augenblick mit Don allein sprechen. Würde es Ihnen etwas ausmachen, draußen auf ihn zu warten?" Ich öffnete die Tür meines Büros und zeigte Dons Vater den Weg ins Wartezimmer.

„Sag mal, Don", fragte ich, als ich mich neben ihn setzte, „wie kommst du eigentlich mit deinem Vater aus?"

„Nicht sehr gut, Dr. Campbell. Wissen Sie, seiner Meinung nach mache ich alles falsch. Er meint es nicht böse, er will nur nicht, dass ich versage. Er schlägt die Hände über dem Kopf zusammen und geht einfach weg, wenn ich etwas falsch mache."

„Was würdest du denn selbst gerne tun? Sag mir, was dir Spaß macht, Don – nicht unbedingt etwas, was dein Vater für dich gut findet, sondern was du selbst gerne magst."

Don saß eine Weile ruhig da und starrte auf den Boden. Schließlich sah er mich mit Tränen in den Augen an und sagte: „Ich spiele so gern Klavier, aber ich glaube nicht, dass ich besonders gut bin. Wenigstens nimmt sich mein Vater nie Zeit, mir zuzuhören. Er will, dass ich Ballspiele mache, und die kann ich nicht ausstehen. Ich bin es leid, immer zu versuchen, Ball zu spielen, weil Vater es so möchte, und dann nach jedem Spiel von ihm zu hören, was ich alles falsch gemacht habe." Don fing an zu schluchzen. „Vati würde sterben, wenn er mich so sähe. Er sagt, Männer weinen nicht, das machen nur Heulsusen. Nicht wahr, Dr. Campbell, es sieht so aus, als würde ich auch als Mann ein Versager werden, weil ich so viel weine."

„Don, ich weiß, dass dein Vater dich sehr liebt, denn dein Wohlergehen liegt ihm sehr am Herzen, sonst hätte er dich nicht hierher gebracht. Weißt du was? Ich möchte jetzt eine Weile mit ihm allein sprechen. Danach wollen wir alle zusammen noch ein Gespräch führen und gemeinsam überlegen, wie ihr beide glücklicher werden könnt."

„Ich weiß nicht, Dr. Campbell. Sagen Sie Vati besser nicht, dass er etwas falsch gemacht hat. Er hasst es, bei irgendeiner Sache zu versagen – er hasst es, wenn er etwas falsch gemacht hat."

Das Tragische war, dass Dons Vater im Begriff war, bei einer der wichtigsten Lebensaufgaben zu versagen – bei der Aufgabe, Vater zu sein.

Es dauerte eine Weile, aber schließlich erkannte dieser alleinerziehende Vater, was sein Handeln bewirkte. „Ich liebe den Jungen so sehr, Dr. Campbell, dass ich es einfach nicht ertrage zu sehen, wie er versagt", sagte er mir vor kurzem. „Ich will nicht, dass er verletzt wird."

„Aber sehen Sie, Dave", sagte ich ihm, „wenn Sie Dons Versagen akzeptieren und ihm erlauben, dasselbe zu tun, wird er bald verstehen, dass das Leben nicht nur aus Erfolgen besteht, und er wird das Schuldgefühl abschütteln können, wenn er verliert. Manchmal gewinnt man, manchmal verliert man. Mit dieser Einstellung wird Don bald beginnen, ein Selbstwertgefühl zu entwickeln und wird das Leben als ein spannendes Abenteuer sehen, auf das er neugierig ist."

Mit der Zeit lernte Dave, seine eigenen Gefühle im Hinblick auf Misserfolge zu verstehen und Dons Depressionen ließen allmählich nach. Gemeinsam lernten sie, die Situationen, in denen sie versagten, mit Humor zu nehmen.

Im Fall von Dave und Don förderte der Vater nicht die Gesamtpersönlichkeit des Kindes. Er hatte zwar versucht, auf Dons körperliche, intellektuelle und geistliche Bedürfnisse einzugehen, aber dies war ihm nicht gelungen, sondern vielmehr hatte der Vater das Gefühlsleben seines Sohnes erheblich beeinträchtigt. Wie könnte Don, in dem sich so viel Hass auf seinen Vater aufgestaut hatte, jemals die geistlichen Wertvorstellungen seines Vaters oder irgendeines anderen Erwachsenen übernehmen?

Vor nicht allzu langer Zeit las ich von einem Fußballspieler in der Oberliga, der sich bis auf den heutigen Tag als Versager fühlt.

Können Sie sich das vorstellen – jemand, der in der Oberliga spielt und sich für einen Versager hält?

Er erzählte, dass er im Alter von neun oder zehn Jahren einmal am Spiel einer Jugendmannschaft teilnahm. Er spielte sehr gut und gab zwei gute Vorlagen für Tore. Nach dem Spiel lief er freudig zu seinem Vater in der Erwartung, mit überschwänglichem Lob überschüttet zu werden. Stattdessen sagte sein Vater: „Wenn du nur etwas höher gesprungen wärest, hättest du vielleicht selbst einen Kopfballtreffer erzielen können."

Als der Sohn erwachsen wurde, kamen ihm immer wieder diese Worte in den Sinn, gleichgültig, was er tat. „Wenn du nur etwas höher gesprungen wärest, hättest du vielleicht ..."

Unser Vater im Himmel nimmt uns mit all unseren Fehlern an und sagt nie: „Wenn du nur ..." – und wir müssen uns bei unseren Kindern genauso verhalten. Unsere Teenager wissen, dass wir uns über ihre Erfolge freuen. Aber wir müssen sie auch wissen lassen, dass wir zu ihnen stehen, auch wenn ihnen etwas nicht gelingt, und möchten, dass sie mit sich selbst zufrieden sind. Sie könnten nie die Begeisterung über einen Erfolg voll auskosten, wenn sie nicht auch schon Misserfolge erlebt hätten.

> *Unsere Teenager wissen, dass wir uns über Ihren Erfolg freuen.*

Teenager werden heutzutage durch so viele Dinge in Versuchung geführt. Die einzige Möglichkeit, diesen Versuchungen zu widerstehen, ist ein gesundes Selbstwertgefühl. Wenn wir dafür sorgen, dass auf ihre emotionellen Bedürfnisse eingegangen wird, haben wir schon ein gutes Fundament gelegt. Wie der Vater, der seinem Sohn ständig erzählte, dass die Erde rund ist, können wir unseren Kindern nicht jeden Tag sagen, was sie alles nicht tun dürfen. Wir müssen einfach grundsätzliche Regeln aufstellen und sie liebevoll anleiten, diese zu befolgen.

Der Sinn von Fragen und Zweifeln

Eine offene, aufrichtige Verständigung zwischen Ihnen und Ihrem Teenager hilft ihm dabei, die von Ihnen aufgestellten Regeln zu befolgen. Oft möchte Ihr Teenager mit Ihnen über so viele Dinge sprechen – er weiß nur nicht, wie er das Gespräch beginnen soll. Manchmal möchte er über moralische Fragen sprechen, unter anderem auch über Fragen der Sexualität, über den Glauben und über die Beziehungen der Familienmitglieder zueinander. Er schätzt Ihre Meinung mehr als die seiner Altersgenossen. Er weiß nur nicht, wie er Sie das wissen lassen kann.

Leider fällt es vielen christlichen Eltern schwer, mit ihrem Teenager über diese Dinge zu sprechen. Wenn Sie dies Problem haben, lesen Sie noch einmal das 2. Kapitel dieses Buches und stellen Sie Ihr eigenes Selbstverständnis in Frage. Wenn Sie sich selbst und Ihre Gefühle verstehen, werden Sie auch besser in der Lage sein, mit Ihrem Teenager zu sprechen. Ich habe herausgefunden, dass das Auto der beste Ort für eine Unterhaltung ist. Jedesmal, wenn unsere Familie in Urlaub fährt, ergeben sich zwischen mir und meinen Teenagern interessante Gespräche.

Ich sitze einfach hinter dem Lenkrad und sage nichts. Wenn es etwas gibt, das einen Teenager unruhig macht, dann ist es Schweigen – besonders das Schweigen von Vater oder Mutter. Bald beginnt er ein Gespräch. Wenn Sie genug Geduld haben und sich darauf beschränken, seine Fragen zu beantworten, ohne ihn gleich „anzupredigen", wird er bald zu dem Thema kommen, das ihn wirklich interessiert. Bei solchen Gelegenheiten kann sich unser Gespräch um alle möglichen Themen drehen – von der Frage, warum Babys morgens um zwei Uhr schreien, über Freundschaft und Liebe bis hin zu geistlichen Themen. Die Ferien sind eine wunderbare Gelegenheit, Ihren Teenager besser kennen zu lernen.

Ihr Teenager weiß, dass Sie möchten, dass er zum Glauben kommt, aber der Gedanke an einen einengenden Gott stößt ihn ab. Er muss Gott als den erkennen, der befreit. Er muss Gottes bedingungslose Liebe und Vergebung erkennen. Wenn Sie ihm nur

> *Ihr Teenager muss spüren, dass er die Freiheit hat zu zweifeln, Dinge in Frage zu stellen und eigene Antworten auf geistliche Fragen zu finden.*

von einem strafenden und überwachenden Gott erzählen und von ihm fordern, dass er sich genauso verhält wie Sie, wird es ihm schwerer fallen zu glauben. Ihr Teenager muss spüren, dass er die Freiheit hat zu zweifeln, Dinge in Frage zu stellen und eigene Antworten auf geistliche Fragen zu finden.

Ihr Teenager ist ein wunderbares menschliches Wesen. Er befindet sich in einer traumatischen Phase seines Lebens und er braucht Ihre bedingungslose Liebe und Unterstützung, um die nächsten Jahre sicher zu überstehen.

Wenn er in den Spiegel schaut, sieht er kaum ein Bild der Vollkommenheit. Er sieht jemanden, der zu dick oder zu dünn ist, der Hautprobleme hat oder eine Zahnspange trägt. Wenn man jetzt noch das von Gott in ihn gelegte Bedürfnis hinzunimmt, seine Eltern und alle anderen Autoritätspersonen in Frage zu stellen, ergibt sich das Bild eines sehr interessanten Menschen. Eines Menschen, der die Liebe und Zuwendung seiner Eltern braucht, dies aber nicht zeigt. Eines Menschen, der sich wünscht, dass ihm die Mutter abends die Bettdecke feststopft, der aber das Recht auf die Privatsphäre in seinem Zimmer mit seinem Leben verteidigt. Eines Menschen, der manche Angebote auf Hilfe ablehnt, der sich aber abends im Dunkeln in das Schlafzimmer der Eltern stiehlt und schüchtern fragt: „Vati, hast du eine Minute Zeit? Ich hab da ein paar Fragen."

Ein kluger Geistlicher übernahm einmal die herausfordernde Aufgabe, bei einer Schulabschlussfeier eine Rede zu halten. Er stand vor den Schulabgängern und sagte: „Ich habe Teenager wirklich gern. Unter ihnen sind einige der wertvollsten Menschen, die ich kenne. Ich werde Ihnen jetzt nicht sagen, dass es in der Welt, die dort draußen auf Sie wartet, hart zugeht, Sie es aber trotzdem schaffen können; oder dass Ihr Leben das sein wird, was Sie selbst daraus machen. Das wissen Sie alles schon. Ich möchte Ihnen einfach sagen, dass ich an Sie glaube. Ich weiß, dass Sie einige Fehler machen werden, aber ich weiß auch, dass Sie viele richtige Entscheidungen treffen werden. Einer von Ihnen könnte Präsident werden. Ein anderer könnte der Besitzer einer großen Firma werden. Aber ich wünsche Ihnen allen etwas viel Wichtigeres dass Sie mit sich selbst und mit dem, was Sie sind, zufrieden sind. Dies ist mein Gebet, dass Ihnen das gelingen möge."

> *Ich wünsche Ihnen allen etwas viel Wichtigeres: dass Sie mit sich selbst und mit dem, was Sie sind, zufrieden sind.*

Es erfordert viel Zeit und Geduld, Ihre Kinder sicher durch die bewegten Teenagerjahre hindurchzuleiten. Einer unserer Teenager wohnt noch bei uns zu Hause, ein anderer studiert, und genau wie der Geistliche sagte, gehören sie zu den wertvollsten Menschen, die ich kenne – und zu denen mit den meisten Fragen.

Wir dürfen unsere Teenager nicht wie kleine Kinder behandeln. Sie wissen viel mehr über uns und über die Welt, als wir uns vorstellen können. Sie stecken mitten in einem Lernprozess und sind auf der Suche nach dem richtigen Weg. Seien Sie offen für ihre Fragen. Hören Sie ihnen zu und respektieren Sie ihre Meinung. Geben Sie ruhig zu, wenn Sie einmal etwas nicht wissen, und sagen Sie dann: „Komm, wir wollen versuchen, gemeinsam die Antwort zu finden." Erlauben Sie Ihrem Teenager zu wachsen, indem er Fragen stellt und versucht, größere Unabhängigkeit zu erreichen. In einigen Jahren wird er vielleicht selbst schon Kinder haben. Wenn Sie es ihm erlaubt haben, seine eigene Identität zu entwickeln, wird ihm das bei der Erziehung seiner eigenen Kinder von gewaltigem Nutzen sein.

9. Eine negative Haltung
wird auf Sie zurückfallen

Aber die viel wichtigeren Forderungen Gottes nach Gerechtigkeit,
Barmherzigkeit und Glauben sind euch gleichgültig. Doch gerade
darum geht es hier: Das Wesentliche tun und das Nebensächliche
nicht unterlassen. Ihr aber entfernt jede kleine Mücke entrüstet aus
eurem Essen, doch ganze Kamele schluckt ihr bedenkenlos herunter.
Andere wollt ihr führen und seid doch selber blind!
(Matthäus 23, 23-24)

Negatives Christentum. Diese Begriffe scheinen sich zu widersprechen, nicht wahr? Ist der christliche Glaube nicht gleichbedeutend
mit Liebe, Friede und Freude? Das ist richtig, aber allzu oft wenden christliche Eltern in übersteigertem Maße negative *Methoden*
an, um ihren Kindern geistliche Wertvorstellungen zu vermitteln,
mit denen sie ihren Kindern eher schaden als nutzen. Auch christliche Jugendleiter können von diesem Problem betroffen sein.
Manchmal versuchen sie unbewusst, die ihnen anvertrauten Jugendlichen zu einem christlichen Lebensstil zu zwingen, anstatt sie
dazu anzuleiten. Steve, ein Jugendpastor aus meinem Bekannten-
kreis, ist ein gutes Beispiel:

Steve, ein sehr netter junger Mann, kam gerade vom Predigerse-
minar und nahm sich sofort der Jugendarbeit in der Gemeinde an.
Zu Beginn seines Dienstes war er mit der Arbeit unter Jugendlichen noch nicht vertraut.

Steve ist ein überaus moralistischer 25-Prozentler. 25-Prozent-
lern fällt es ohnehin schwer, Führungseigenschaften zu entwickeln,
und so können Sie sich wahrscheinlich vorstellen, welchen Problemen sie sich gegenübersehen, wenn sie eine Gruppe von Teenagern
leiten sollen. Dies ist selbst für einen 75-Prozentler eine schwierige

Aufgabe! Bereits in einer von Steves ersten Begegnungen mit der Jugendgruppe der Gemeinde wurde sein Dilemma deutlich.

Steve hatte die Jugendlichen zu sich nach Hause eingeladen. Als er auf die Veranda hinauskam, hörte er, wie einige Jugendliche über ein Mädchen, das neu in die Jugendgruppe gekommen war, herzogen.

„Ross, sie sagten einige sehr hässliche Dinge über das neue Mädchen", erzählte Steve mir später. „Ich wurde sofort wütend, ging zurück ins Haus, um meine Bibel zu holen und hielt ihnen einen langen Vortrag. Ich war entschlossen, mich durchzusetzen und diesen jungen Leuten beizubringen, was Liebe und Achtung vor anderen Menschen bedeuten."

„Wie haben sie darauf reagiert, Steve?", fragte ich. „Haben sie beschlossen, nie mehr über einen anderen Menschen zu klatschen und sich bei dir für den guten Rat bedankt?"

Ich kannte Steves Antwort schon im Voraus. Natürlich haben sie das nicht getan. Jugendliche im Teenageralter sind von Natur aus eher autoritätsfeindlich eingestellt. Die Party endete jäh mit einem schrillen Missklang. Für den Rest des Abends sagte keiner von ihnen mehr ein Wort – eine typische Reaktion von Heranwachsenden.

Warum sagten die 25-Prozentler nichts mehr? Waren sie vielleicht wütend? Ja, in gewisser Hinsicht schon, aber sie waren in erster Linie verletzt und hatten Schuldgefühle, weil sie ihren Leiter enttäuscht hatten.

Wie stand es mit den 75-Prozentlern? Sie reagierten genauso wie die 25-Prozentler, aber meinen Sie, dass sie sich schuldig fühlten? Keineswegs. Die 75-Prozentler waren so wütend auf Steve, dass sie völlig außer sich waren. Wie konnte er es wagen, sie auf diese ultra-moralistische, autoritäre Art zurechtzuweisen!

Steve wäre viel weitergekommen, wären ihm einige grundlegende Dinge über die jugendliche Persönlichkeit bekannt gewesen. Er hätte wissen müssen, warum alle Jugendlichen gleich reagierten, warum sie sich alle – wenn auch aus unterschiedlichen Gründen – instinktiv verletzt fühlten.

> *Wir müssen lernen,*
> *entschieden und beständig,*
> *aber gleichzeitig freundlich*
> *und positiv zu sein.*

Durch hartes und negatives Auftreten wird man gegenüber einem Kind in diesem oder überhaupt in jedem Alter wenig erreichen. Wir müssen es lernen, entschieden und beständig, aber gleichzeitig freundlich und positiv zu sein. Das gilt für jede Altersstufe, aber bei Dreizehn- bis Fünfzehnjährigen ist es noch tausendmal wichtiger. Darum müssen wir als junge Eltern anfangen zu lernen, mit unseren Kindern richtig umzugehen, damit wir wissen, wie wir uns verhalten sollen, wenn sie erst einmal das dreizehnte Lebensjahr erreicht haben. Steve machte als Jugendpastor einen großen Fehler, als er den Jugendlichen gegenüber zu streng auftrat. Ein Erfolg des Jugendtreffens wurde dadurch von vornherein völlig zunichte gemacht. Da Steve ein sensibler Mensch ist, spürte er sofort, dass irgendetwas fehlgeschlagen war.

„Was hätte ich tun sollen, Ross?"

„Nun, du hättest nicht so negativ und hart reagieren dürfen. Sie wussten selbst, dass sie nicht klatschen sollten. Wie oft hatten sie das schon gehört! Wenn man sie dann nochmals belehrt, dass sie nicht klatschen sollen, könnte man es damit vergleichen, als sagte man ihnen, dass die Erde rund ist. Jeder Teenager weiß, dass die Erde rund ist, aber wenn man es ihnen trotzdem unbeirrt zum wiederholten Male sagt, macht man sie nur wütend. Dasselbe gilt auch für die Ermahnung, nicht zu klatschen. Sie hat bei den Jugendlichen deiner Gruppe nur Wut oder Schuldgefühle ausgelöst.

Sie wussten doch, dass sie bei dir zu Hause waren. Dann hast du sie auf frischer Tat ertappt. Sie waren erwischt worden, deshalb blieb ihnen nichts weiter übrig, als deine Reaktion abzuwarten. Würde sie negativ sein, dann war der Fall für sie gelaufen. Du machtest eine negative Bemerkung und das war es dann. Du hattest ihr Vertrauen verloren. Stattdessen hättest du sagen sollen: ‚Möchte irgendjemand noch Senf zu seinem Würstchen?' Mit anderen Worten – du hättest ihre Bemerkungen überhören sollen."

Die Jugendlichen in der Gruppe wussten, dass ihr Jugendleiter über ihre Äußerungen bestürzt war. Das konnten sie ihm vom Gesicht ablesen. Er hätte in dieser Situation sanftmütig reagieren sollen. *Sanftmut* bedeutet nicht „Schwäche" oder „Jämmerlichkeit". *Sanftmut* bedeutet, „seine Macht zurückhalten", beziehungsweise „seine Kraft in Reserve halten". Christus war allmächtig, aber er hielt seine Macht stets zurück.

Auch wir sollten mit Teenagern sanftmütig umgehen. Wir haben die Macht (und sie wissen es), aber wir müssen sie nicht einsetzen. Wenn wir einmal unsere Macht ausgeübt haben, haben wir nichts mehr in der Hand. Es gibt für sie keinen Grund mehr, uns zu respektieren.

Steve übte seine Macht aus und die Jugendlichen verloren den Respekt vor ihm. Wenn er seine Macht zurückgehalten und freundlich reagiert hätte, wäre die Sache anders verlaufen. Er hätte damit zum Ausdruck gebracht: „Ich weiß, was ihr macht, und ich weiß, dass ihr wisst, dass ich es weiß. Ich weiß auch, dass ihr wisst, dass man das nicht tun sollte, daher vertraue ich darauf, dass ihr euch selbst darum kümmert."

Zwang ist keine Lösung

Sehen Sie, das Gegenteil von passiv-aggressivem Verhalten besteht darin, sich selbst um Dinge zu kümmern – selbst die Verantwortung zu übernehmen. Sie können nicht erwarten, dass Jugendliche aus dem passiv-aggressiven Stadium herauswachsen und selbst die Verantwortung übernehmen, wenn Sie Ihnen nicht die Gelegenheit dazu geben. Jedes Mal wenn Sie laut werden, Vorträge halten und Ihrem Kind oder Teenager gegenüber negativ auftreten, sagen Sie ihm – aus seiner Sicht gesehen –, dass Sie für sein falsches Handeln verantwortlich sind und nicht er selbst.

Genau das tat Steve. Er „predigte" seiner Gruppe den christlichen Glauben auf negative Weise, indem er sie wegen ihrer Klatschsucht tadelte. Er versuchte, sie zu zwingen, seine Denkweise zu übernehmen und ihr Verhalten zu bessern.

Als Vater oder Mutter können Sie Ihrem Kind nicht die eigenen Wertvorstellungen aufzwingen, erst recht nicht, wenn es im Teenageralter ist. Nur bedingungslose Liebe und die Förderung der Gesamtpersönlichkeit des Kindes verhindern die Entstehung von unangemessener Wut und können ermöglichen, dass es an der Schwelle zum Erwachsensein Ihre Wertvorstellungen annehmen *möchte*. Die Verantwortung für die Entscheidung, ob es Jesus als Herrn annehmen möchte oder nicht, liegt dann bei ihm selbst. Zu dieser Entscheidung kann man es nicht zwingen.

Das Hauptthema manchen christlichen Ratgebers zum Thema Kindererziehung ist *elterliche Erziehungsgewalt*. Ich behaupte keineswegs, dass Eltern die Situation nicht unter Kontrolle haben und keine Regeln aufstellen sollen. Ich meine vielmehr, dass elterliche Kontrolle auf Liebe und Verständnis gegründet sein sollte.

Sorgen Sie dafür, dass die emotionalen Bedürfnisse Ihres Kindes gestillt werden. Kümmern Sie sich auch um seine intellektuellen Bedürfnisse und helfen Sie ihm, seinen körperlichen Bedürfnissen gerecht zu werden. Wenn Sie das tun, werden Sie seinen geistlichen Bedürfnissen durch Ihr tägliches Vorbild und Ihre Anleitung entgegenkommen und die Anwendung von Zwang und Gewalt wird nicht nötig sein.

Vor einiger Zeit hörte ich einen Vortrag eines Christen zu dem Thema, wie man Kinder dazu bringen könne, wieder in die Gemeinde zu gehen.

„Als meine Tochter fünf Jahre alt war", erzählte er, „wollte sie ein bestimmtes Kleid nicht zur Sonntagsschule anziehen. Was glauben Sie, was ich getan habe? Ich habe sie in das Kleid hineingestopft und sie gezwungen, es in der Sonntagsschule zu tragen.

Als sie dann vierzehn Jahre alt war", fuhr er fort, „wollte sie noch nicht einmal zur Sonntagsschule oder in die Gemeinde gehen. Wie glauben Sie, habe ich in dieser Situation reagiert? Nun, ich habe im Grunde genommen das gleiche Prinzip angewandt. Ich stopfte sie ins Auto und zwang sie, in die Gemeinde zu gehen!"

Ich konnte kaum glauben, was ich da hörte. Stellen Sie sich nur vor, wie wütend dieses Mädchen gewesen sein muss. Ihre Gefühle und Bedürfnisse wurden offensichtlich nicht ernst genommen; nur dem Bedürfnis ihres Vaters, sie in der Gemeinde und in der Sonntagsschule sehen zu wollen, wurde entsprochen.

Tun Sie das Ihrem Kind nicht an. „Stopfen" sie es nicht in den christlichen Glauben hinein. Das wird nicht funktionieren. Niemand, der sich mit Händen und Füßen dagegen sträubt, kann ins Reich Gottes hineingezogen werden. Wenn Sie auf die Bedürfnisse Ihres Kindes eingegangen sind und einen wahrhaft christlichen Lebensstil führen, haben

> *Niemand, der sich mit Händen und Füßen dagegen sträubt, kann ins Reich Gottes hineingezogen werden.*

Sie die größte Chance, dass Ihr Kind bereit sein wird, Ihrem Beispiel zu folgen.

Vor kurzem hatte ich Gelegenheit, mit der achtzehnjährigen Terri zu sprechen, deren Eltern sich bekehrten, als sie fünfzehn Jahre alt war.

„Ich fand es gar nicht so schlecht, Dr. Campbell", erzählte sie mir. „Ich bin immer gern in die Gemeinde und in die Sonntagsschule gegangen, daher war die Veränderung im Hinblick auf den Gemeindebesuch nicht sehr drastisch. Aber es gab andere weitreichende Veränderungen in unserem Familienleben. Wir durften kein Fernsehen mehr schauen, nicht mehr ins Kino gehen oder Rockmusik hören. Meine Schwester und ich durften noch nicht einmal Blue Jeans oder Hosen tragen.

Ich hielt mich daran. Es war leichter, als sich mit Mutti und Vati herumzustreiten. Bei Lynn war das anders. Sie wollte das nicht mitmachen und der Gedanke, ihre Musikkassetten und ihre Lieblingsjeans aufgeben zu müssen, war ihr unerträglich. Es muss schrecklich für sie gewesen sein, als Mutti und Vati anfingen in die Gemeinde zu gehen. Sie lehnte sich dagegen auf. Ich kann mich erinnern, dass meine Cousine uns einmal einlud, mit ihr zum Einkaufen zu fahren. Als wir außer Sichtweite des Hauses waren, zog Lynn im Auto Bluse und Rock aus und schlüpfte wieder in ihre geliebten Jeans und in ihr T-Shirt. Ich fiel beinahe in Ohnmacht.

Aber allmählich lockerten Mutti und Vati einige ihrer einschränkenden Regeln und unser Leben wurde wieder normal. Ich bin wirklich froh, dass es so ausgegangen ist. Ich glaube nicht, dass Lynn es sonst ausgehalten hätte.

Rückblickend wird mir klar, dass wir beide so eingeengt waren, als hätte man uns Scheuklappen aufgesetzt – Sie wissen schon, diese Dinger, die man Pferden anlegt, damit sie nur auf die Straßenmitte sehen können.

Als ich mein Studium begann und nun in die Welt hinauskam, erkannte ich, wie eingeschränkt meine Lebensperspektive bis dahin gewesen war. Ich fragte mich, wie Lynn wohl damit fertig werden würde, wenn sie einmal von zu Hause fortging. Ich befürchtete, dass sie eine Weile ziemlich wild und leichtsinnig leben würde. Daher war ich sehr froh, als ich in den Weihnachtsferien sehen konnte, dass Mutti und Vati nicht mehr ganz so streng waren. Ich glaube, das war das Beste, was sie für Lynn tun konnten."

Terri ist eine intelligente junge Frau. Sie erkannte, was in ihrer Schwester vorging. Sie verstand, dass die Forderungen ihrer Eltern Lynn nur veranlassten, genau die entgegengesetzte Richtung einzuschlagen.

> *Elterliche Beständigkeit ist eine grundlegende Voraussetzung für das Wohl der Jugendlichen.*

Die Eltern von Terri und Lynn hatten sich zu einem Zeitpunkt bekehrt, als sich ihre Töchter in einem entscheidenden Lebensabschnitt befanden. Elterliche Beständigkeit ist eine grundlegende Voraussetzung für das Wohl der Jugendlichen. Im Leben von Terri und Lynns Eltern vollzogen sich jedoch einige gewaltige Veränderungen. Sie erkannten aber bald, wie ihre negative Haltung sich auf ihre Kinder auswirkte, und zogen einige ihrer unangemessen harten Forderungen zurück.

Als Terri mir von ihren Eltern erzählte, musste ich an einen Film denken, der sehr anschaulich darstellte, wie Teenagern ein bestimmter Lebensstil aufgezwungen wird. Die Jugendlichen im Film durften nur klassische Musik hören. Sie durften nicht tanzen. Sie durften noch nicht einmal irgendetwas lesen, was nicht vorher überprüft worden war. Irgendwann begannen diese Jugendlichen zu rebellieren. Der Film beruhte nicht auf einer wahren Begebenheit, aber er ist eine eindeutige Veranschaulichung von passiv-aggressivem Verhalten und Wut bei Teenagern.

Teenager neigen von Natur aus dazu, Sie als Eltern und Ihre Handlungen in Frage zu stellen. Wenn Sie ihre Freiheit ständig einschränken und sie zwingen, genau das zu tun, was Sie ihnen vorschreiben, werden Sie ihr Vertrauen verlieren. Für Eltern sind die Teenagerjahre ihrer Kinder äußerst anstrengend. Aber wenn Sie ein starkes Fundament der Liebe und der geistlichen Werte gelegt haben, können Sie Ihre Kinder ohne größere Schmerzen durch diese schwierigen Jahre hindurchleiten.

Der sanfte Stoß der Liebe

Als meine Frau und ich in Kalifornien lebten, lernte ich einen Mann kennen, der mir erzählte, er und seine Frau seien Agnostiker. Sie glaubten nicht, dass jemand Gott oder seine große Liebe erkennen könnte. Sie glaubten noch nicht einmal an die Existenz der Liebe. Sie erklärten mir, dass ihrer Überzeugung nach die Liebe zwischen einem Mann und einer Frau nichts anderes sei als körperliche Anziehung. Die elterliche Liebe definierte er einfach als Trieb, den die Natur in den Menschen gelegt habe, um die Arterhaltung zu sichern.

Als ihr erstes Kind geboren wurde, beschlossen sie, ihr Kind solle einmal selbst die Entscheidungsfreiheit haben, ob es Christ werden oder irgendeine andere religiöse Überzeugung annehmen möchte. Sie hatten den festen Vorsatz, sich nicht einzumischen. Keine sehr positive Einstellung dem christlichen Glauben gegenüber! Ich hatte großes Mitleid mit ihnen und ihrem Sohn.

Als ihr Kind noch im Säuglingsalter war, unterhielt ich mich einmal mit Charles. „Weißt du, Ross", sagte er, „Meg und ich glauben nicht, dass es so etwas wie Liebe gibt, aber wenn wir das Baby im Arm halten, überkommen uns die merkwürdigsten Gefühle. Sie sind wirklich schwer zu beschreiben."

Ich konnte kaum glauben, was ich da hörte. Ich erzählte ihm von Gottes Liebe zu den Menschen und von der Liebe zum Nächsten, aber er wollte einfach nichts davon wissen. Sie waren die ungewöhnlichsten Menschen, die ich jemals getroffen hatte.

Einige Monate später begegneten wir uns zufällig wieder und Charles hatte mir etwas Überwältigendes mitzuteilen. „Ross, kannst du dich erinnern, dass ich dir von den Gefühlen erzählt habe, die Meg und mich überkamen, wenn wir das Baby im Arm hielten und die wir nicht verstehen konnten? Jetzt wissen wir, was das für Gefühle sind – es ist Liebe!"

Er erklärte mir dann, dass Meg und er eine Leere in ihrem Leben empfunden und sich deshalb einer neugegründeten christlichen Gemeinde in ihrer Gegend angeschlossen hatten. „Wir sind viele Jahre lang töricht gewesen", gab Charles mir gegenüber zu. „Wir wurden beide von Eltern erzogen, die nicht regelmäßig in die Gemeinde gingen, aber Gott wenigstens nicht verleugneten."

„Was ist mit dem geistlichen Leben deines Sohnes, Charles?", fragte ich ihn. „Werdet ihr ihm diese Entscheidung immer noch selbst überlassen?"

„Nun, wir werden ihn zu nichts zwingen. Wir hoffen, dass er sehen wird, wie Meg und ich über den Glauben denken, und dass er unserem Beispiel folgen wird. Wir möchten ganz gewiss nicht, dass er einmal dieselbe Leere empfindet, die unser Leben in den letzten Jahren geprägt hat."

Eltern, die aufgrund einer missverstandenen liberalen Einstellung ihre Kinder nicht beeinflussen wollen, können ihren Kindern ebenso schaden wie Eltern, die versuchen, ihren Kindern ihre Glaubensüberzeugungen aufzuzwingen. Es ist für junge Menschen gefährlich, wenn man zulässt, dass in ihnen ein Vakuum an geistlichen Werten entsteht. Lukas 6, 49 weist uns darauf hin, was mit unseren Kindern geschieht, wenn wir ihnen das Fundament bedingungsloser Liebe vorenthalten und wenn wir sie nicht täglich sehen lassen, wie wir unseren Glauben ausleben: „Wer aber hört und nicht tut, der ist einem Menschen gleich, der ein Haus auf das Erdreich baute ohne Grund; und der Strom riss an ihm und es

> *Es ist für junge Menschen gefährlich, wenn man zulässt, dass in ihnen ein Vakuum an geistlichen Werten entsteht.*

brach zusammen und der Zusammenbruch dieses Hauses war groß."

Kindern in den ersten Lebensjahren kann man leicht die Lehre vom Reich Gottes nahe bringen. Sie sind voller Vertrauen und lernen gerne. Aber wenn sie das Teenageralter erreichen und ganz von selbst eine autoritätsfeindliche Haltung einnehmen, stellen sie auch den christlichen Glauben in Frage. Jugendliche möchten die Botschaft von einem liebenden, vergebenden Gott hören.

Bedenken Sie doch, dass Gott in diese wunderbaren jungen Menschen das Verlangen hineingelegt hat, Autoritäten in Frage zu stellen. Wie kann dieses Verlangen dann schlecht sein? Wenn Sie dieses natürliche Bedürfnis in 75-Prozentlern unterdrücken und ihnen nur das Bild eines zornigen Gottes vermitteln, der jederzeit bereit ist, sie zu strafen, werden Sie das Vertrauen dieser Jugendlichen mit Sicherheit verlieren. Wenn man dies Bild gegenüber 25-Prozentlern vertritt, verängstigt man sie, flößt ihnen Schuldgefühle ein und kann ihnen sogar im Extremfall seelischen Schaden zufügen.

Kinder und Teenager müssen sowohl den Gott der Gerechtigkeit als auch den Gott der Liebe und der Vergebung kennen lernen.

Die Vermittlung eines falschen Gottesbildes

Wir müssen uns auch vor einer „Pharisäerhaltung" gegenüber unseren Kindern und insbesondere unseren Teenagern in Acht nehmen. Die Pharisäer waren gute Menschen. Sie waren gebildet und aufrichtig, aber sie waren so überzeugt von der absoluten Richtigkeit ihrer Einstellung und ihrer persönlichen Erfahrungen, dass sie noch nicht einmal den Erlöser selbst annehmen konnten.

> *Eltern sind so daran gewöhnt, dass sie die maßgeblichen Autoritätspersonen im Leben ihrer Kinder sind, dass sie allzu oft zu negativ auf deren kritische Haltung im Teenageralter reagieren.*

Eltern sind so daran gewöhnt, dass sie die maßgeblichen Autoritätspersonen im Leben ihrer Kinder sind, dass sie allzu oft zu negativ auf deren kritische Haltung im Teenageralter reagieren. Manche versuchen, ihnen Schuldgefühle einzuflößen: „Wie konntest du deine Mutter nur so bloßstellen?" (Stellen Sie sich vor, was man mit dieser Bemerkung bei einem 25-Prozentler anrichtet.) Sie verbreiten eine Theologie von „Hölle und Verdammnis" – „Diese Musik ist vom Teufel, und wenn du dir das anhörst ..." Und sie verbreiten die Lehre von einem harten, strafenden Gott – „Wenn du nicht tust, was ich dir sage, wird Gott dich strafen!"

In einigen der schwersten Fälle, die ich kenne, wurde Jugendlichen „mit Gott gedroht". Eltern, die aufrichtig um das geistliche Wohlergehen ihrer Kinder besorgt sind, aber fälschlicherweise die negative Methode anwenden, können schwerwiegende emotionale Störungen hervorrufen.

Die Erziehung nach der Methode „Du bist Gott gehorsam, oder du stirbst und kommst in die Hölle", wirkt sich auf 75-Prozentler anders aus als auf 25-Prozentler. In 75-Prozentlern wird sich eine unbändige Wut aufstauen und sie werden die entgegengesetzte Richtung einschlagen, sobald es ihnen möglich ist.

25-Prozentler werden dagegen völlig verängstigt sein und unter starken Schuldgefühlen leiden. Wenn sie mit einem Christentum konfrontiert werden, das ständig mit negativem Denken in Verbindung gebracht wird, entwickeln sie zwanghafte Vorstellungen und Verhaltensformen und nehmen schweren seelischen Schaden. Anstatt Trost und Liebe zu erfahren, leben sie in Sorge und Furcht und ihre bereits vorhandene Neigung zu einem geringen Selbstwertgefühl wird noch verstärkt.

Der sechzehnjährige Brian wurde von seinen Eltern zu mir gebracht. Ich bemerkte sofort, dass er sich immer sehr nah an seine Mutter hielt und einen sehr verängstigten Eindruck machte. Brians Eltern waren überaus streng. Sie verlangten, dass Brian und sein vierzehnjähriger Bruder Brady mit ihnen jede Gemeindeveranstaltung besuchten. Ich erkannte, dass Brady sich im Hinblick auf Gemeindeveranstaltungen nach dem Willen seiner Eltern richtete. Ich fragte mich aber, ob die Eltern wussten, was auf sie zukam, wenn Brady erst ein wenig älter war.

Allmählich rückte Brian mit seiner Geschichte heraus: „Sehen Sie, Dr. Campbell, ich glaube, ich bin immer eifersüchtig auf Brady gewesen. Er scheint einfach alles zu können. Er ist intelligent. Er kann wirklich gut Trompete spielen und er ist ein schneller Läufer. Ich glaube, so fing der ganze Ärger an.

Einige Wochen vor dem großen Sportfest, das jedes Frühjahr stattfindet, fing Brady an mich aufzuziehen. Ich kann es nicht ausstehen, wenn er immer mit all seinem Können angibt. Er weiß, dass ich kein guter Sportler bin. Jedenfalls zog er mich dauernd auf. Schließlich sagte ich ihm, er solle endlich den Mund halten und steckte mir die Finger in die Ohren, um nicht mehr zuhören zu müssen. Dann betete ich, dass Brady sich irgendwie verletzen würde, aber nur so schwer, dass er nicht am Sportfest teilnehmen konnte.

Zwei Tage später ging er mit einigen rauhen Burschen aus, fuhr mit ihnen ein Auto zu Schrott und brach sich ein Bein. Ich fühlte mich entsetzlich. Ich wusste, Gott würde mich bestrafen, weil ich dafür verantwortlich war, dass Brady sich das Bein gebrochen hatte. Kurz darauf sah ich dann immer den grausigen Sensenmann in meiner Schlafzimmertür stehen. Er war wirklich jede Nacht da. Ich dachte, Gott habe ihn gesandt mich hinwegzunehmen, weil ich Brady so etwas gewünscht hatte. Es war schrecklich."

Brian hatte schweren seelischen Schaden genommen, weil in seinem Elternhaus die Einstellung vertreten wurde: „Gott wird dich bestrafen wenn du nicht ...“ Es wird eine Weile dauern, bis er diese Einstellung überwunden hat, aber sein Fall ist nicht hoffnungslos. Es macht mich immer traurig, wenn ich einen Patienten wie Brian habe. Er ist ein intelligenter Junge und ebenso musikalisch begabt wie sein Bruder, aber seine 25-Prozentler-Persönlichkeit, sein geringes Selbstwertgefühl und eine negative Methode der Glaubensvermittlung haben seine Entwicklung stark beeinträchtigt.

Den Mittelweg finden

Es passiert leicht, im Umgang mit Kindern in eine übermäßig strenge oder extrem nachgiebige Richtung zu schwenken. Ich bin mir dessen bewusst. Manchmal denke ich, wenn ich meinen Kindern keinerlei Freiheit mehr ließe, hätte ich keine Sorgen mehr. Ich würde dann stets wissen, wo sie sich gerade aufhalten und was sie gerade tun.

Ebenso wie alle anderen Eltern von Kindern im Teenageralter weiß ich aber, dass das unmöglich ist. Wir wissen, dass das nicht der richtige Weg für unsere Kinder ist. Wir müssen mit unseren Teenagern den Mittelweg einschlagen. Wenn wir dafür gesorgt haben, dass ihre emotionalen Bedürfnisse gestillt sind, wenn wir jeden Einzelnen von ihnen in seiner Besonderheit kennen gelernt haben, können wir mit ihnen auf eine sinnvolle und fruchtbringende Weise umgehen.

> *Lassen Sie sich durch das Fehlverhalten Ihrer Kinder nicht aus der Fassung bringen.*

Den Vorschlag, den ich Steve, dem Jugendpastor machte, sollten auch Sie beherzigen. Lassen Sie ihre Wut abkühlen und wechseln Sie das Thema, wenn Sie versucht sind, ihre Kinder „einmal richtig zu verdonnern“. Lassen Sie sich durch das Fehlverhalten Ihrer Kinder nicht aus der Fassung bringen. Je *negativer Ihr* eigenes Verhalten Ihren Kindern gegenüber ist, umso *negativer* wird auch deren Reaktion Ihnen gegenüber ausfallen. Wir wollen uns als Eltern entspannen – und Freude haben an unserem wunderbaren Teenager – an seinen positiven und an seinen negativen Seiten. Es wird nicht mehr lange dauern, dann hat er sich zu einem jungen Erwachsenen entwickelt, der zu Ihnen sagt: „Sagt mal, was haltet ihr davon, wenn ich euch heute in die Gemeinde fahre und anschließend zum Essen im Restaurant einlade!"

10. „Besonderen" Kindern kann geholfen werden

Der Richter wird ihnen dann antworten: Das will ich euch sagen.
Was ihr für einen meiner geringsten Brüder getan habt, das habt ihr
für mich getan! (Matthäus 25,40)

James war ein glücklicher kleiner Junge. Vom Zeitpunkt seiner Geburt bis zu seinem siebenten Lebensjahr schien er keine besonderen Schwierigkeiten zu haben. Er lernte im richtigen Alter laufen. Er lernte sprechen, als man es von ihm erwartete. Er gewöhnte sich schnell daran, aufs Töpfchen zu gehen. Auf einen Außenstehenden und selbst auf seine Lehrer machte er den Eindruck eines ganz durchschnittlichen, normalen Kindes.

Niemand erkannte, dass er alles auswendig lernen musste, um jeden Schultag zu überstehen.

Aber James' Mutter war sehr einfühlsam. Sie spürte, dass irgendetwas mit ihrem Kind nicht in Ordnung war; sie fand nur niemanden, der ihre Meinung teilte und ihr sagen konnte, worum es sich handelte.

Alle sagten: „Kinder sind nun einmal so!"

Dennoch hatte sie den Eindruck, dass irgendetwas nicht stimmte. Gegen Ende des zweiten Schuljahres machte James zunehmend Schwierigkeiten. Er warf seiner Mutter oft vor, dass sie ihn nicht richtig liebte. Er stritt sich ständig mit ihr. Sie hatte nie den Eindruck, dass sie sich auf entspannte, mütterliche und liebevolle Weise mit ihm verständigen konnte.

Als James in die dritte Klasse kam, traten schulische Probleme auf. Er konnte mit den anderen Kindern einfach nicht mithalten, weil das Lernen nicht mehr nur allgemeine Vorstellungen, sondern zunehmend abstrakte Gedanken umfasste. James schien einfach nicht zu verstehen. Er versuchte immer noch alles auswendig zu lernen und so verschlechterten sich seine Noten.

In seiner Verzweiflung strengte er sich immer mehr an, um gute Noten zu erzielen, weil er im Grunde genommen ein braves Kind war, das in der Schule gut sein wollte. Ein oder zwei Monate hatte er tatsächlich Erfolg. Dann war er durch diese übermäßige Anstrengung völlig erschöpft und seine Noten verschlechterten sich wieder. Er geriet in Panik und war völlig niedergeschlagen.

James' Konzentrationskraft ließ nach. Er konnte sich auch an einfache Dinge nicht erinnern. Er legte zu Hause und in der Schule Verhaltensstörungen an den Tag. Er machte sogar ständig absonderliche Bewegungen, die er jedoch so geschickt überspielte, dass es niemand bemerkte. So ließ er sich zum Beispiel das Haar wachsen, damit es so aussehen sollte, als werfe er es sich aus der Stirn, nur um so eine ruckartige Bewegung seines Kopfes zu verbergen. Er schlurfte beim Gehen und klapperte dabei mit den Absätzen. Die Versetzung in die vierte Klasse schaffte er nur mit Mühe und Not.

Zu Beginn des vierten Schuljahres konnte er einfach nicht mehr mithalten. Sein Verhalten verschlimmerte sich; er wurde trotziger und ungezogener und neigte zu Wutanfällen. Zu diesem Zeitpunkt brachten ihn seine Eltern zu mir in die Beratung.

Nachdem wir ihn einigen Tests unterzogen hatten, wussten wir, dass er ein überaus depressives Kind war, das unter einem sehr geringen Selbstwertgefühl litt.

Er war sehr selbstkritisch und hatte das unbewusste Gefühl, dass er niemandem etwas bedeutete – dass niemand ihn wirklich liebte.

Er war voll aufgestauter Wut, besonders gegen Autoritätspersonen. Diese passiv-aggressive Haltung zeigte sich besonders in ungezogenem Verhalten gegenüber der wichtigsten Autorität in seinem Leben – seinen Eltern, und gegenüber untergeordneten Autoritäten – seinen Lehrern.

Es gab verschiedene Gründe dafür, dass sich James' Noten verschlechterten. Zunächst einmal war sein Auffassungsvermögen beeinträchtigt. Mit anderen Worten, die Information, die sein Verstand aufnahm, wurde bei der Verarbeitung irgendwie entstellt. Deshalb war das Lernen verwirrend für ihn. Zweitens war er depressiv. Depressionen können Lernschwierigkeiten hervorrufen oder verstärken, weil es einem Menschen, der unter Depressionen leidet, sehr schwer fällt, sich zu konzentrieren. Drittens war er durch sein passiv-aggressives Verhalten beeinträchtigt. Er rächte sich durch seine schlechten Noten zielgerichtet, aber dennoch unbewusst (das heißt, ohne es wahrzunehmen) an den wichtigsten Autoritätspersonen in seinem Leben – seinen Lehrern und seinen Eltern.

Dieser hübsche kleine Junge versagte auf jedem Gebiet seines Lebens. Seine Lernschwierigkeiten waren zu einem Problem geworden, das sein ganzes Leben bestimmte.

Seine autoritätsfeindliche Haltung war nicht mehr zu bändigen. Trotz seines jungen Alters war er gegen alles eingestellt, was seine Eltern vertraten, auch gegen den christlichen Glauben. Er hasste es, in die Gemeinde gehen zu müssen. Er hasste seinen Sonntagsschullehrer. In der Sonntagsschule störte er ständig.

Wir fingen an, James' Depression zu behandeln. Wir gaben seinen Eltern Ratschläge, wie sie richtig mit seiner Wut umgehen konnten, indem sie ihn ermutigten, sie zum Ausdruck zu bringen, anstatt sie auf selbstzerstörerische Weise in sich hineinzufressen. Nachdem wir diese ersten Schritte unternommen hatten, besorgten wir James die von ihm benötigte besondere Lernbetreuung.

Nach ungefähr fünf Monaten Therapie hatte er einige Fortschritte gemacht. Sein Verhalten hatte sich gebessert und zum ersten Mal in seinem Leben brachte er Zuneigung zum Ausdruck. Zum ersten Mal konnte er die Liebe annehmen, die ihm seine Eltern entgegenbrachten.

Es war das erste Mal, dass er zuließ, dass sie ihm Liebe schenkten, weil er sich jetzt über Zuneigung freute. Er konnte nun wirklich glauben, dass sie es ernst meinten, weil er endlich seinen eigenen Wert anerkannte. Er entwickelte ein positives Selbstwertgefühl.

Wir bezogen auch eine Lerntherapeutin in James' Behandlung mit ein, die ihm helfen sollte, die passiv-aggressive Einstellung zu überwinden, die sich in ihm aufgebaut hatte. Damit war den Eltern die Verantwortung für sein schulisches Fortkommen abgenommen und sie brauchten sich auch nicht mehr um seine Schulaufgaben zu kümmern.

Zunächst baute die Lerntherapeutin eine positive persönliche Beziehung zu James auf. Auf der Grundlage dieser Beziehung entwickelte sich dann bei ihm eine positive Einstellung zur Schule und zum Lernen. Sie arbeitete mit seinen Lehrern zusammen und sorgte dafür, dass er an einem speziell auf seine Schwierigkeiten zugeschnittenen Lernprogramm teilnahm. Sie half seinen Lehrern zu erkennen, wie sie sein Selbstwertgefühl und seine positive Einstellung der Schule gegenüber stärken konnten.

Als seine Wut und seine Depressionen durch die Therapie nachließen, nahm auch das passiv-aggressive und autoritätsfeindliche Verhalten bei James mehr und mehr ab. Jetzt nahm er zum ersten Mal bereitwillig geistliche Wertvorstellungen und Lehren auf.

James kann dankbar sein. Seine Mutter ist eine einfühlsame Christin, die sich im Hinblick auf die Probleme ihres Sohnes nicht mit der Antwort „Kinder sind nun einmal so" zufrieden geben wollte. Als das Problem schließlich erkannt wurde, gaben sowohl sie als auch ihr Ehemann sich aufrichtig Mühe, ganz gezielt zu einer Lösung beizutragen. Mit viel Zeit und Geduld und durch ihr geistliches Vorbild werden die Eltern James helfen können, sich zu einem ausgeglichenen Erwachsenen zu entwickeln, der später wahrscheinlich gern ihre geistlichen Überzeugungen übernehmen möchte.

Verständnis für Behinderte

Kinder mit besonderen Lernschwierigkeiten oder chronischen medizinischen Beschwerden haben die gleichen Probleme wie andere Kinder auch. Leider kommt bei diesen Kindern zu den normalen Alltagsproblemen noch der schwierige Umgang mit ihrer speziellen Behinderung hinzu.

> *Wir sollten alles tun,*
> *was in unserer Macht steht,*
> *um die Entstehung*
> *von Depressionen*
> *bei Kindern*
> *und Teenagern*
> *zu verhindern.*

Diese Jugendlichen leiden oftmals unter starken Depressionen. Wir sollten alles tun, was in unserer Macht steht, um die Entstehung von Depressionen bei allen Kindern und Teenagern zu verhindern. Je mehr ein Kind unter Depressionen leidet, umso wütender wird es. Depression ruft Wut hervor, und wütende Kinder neigen eher dazu, passiv-aggressive Verhaltensformen zu entwickeln.

Wenn bei einem bereits unter Depressionen leidenden, passiv-aggressiven Kind nun zusätzlich die Depressionen und das passiv-aggressive Verhalten der Pubertät hinzukommen, wird seine ganze Persönlichkeit völlig hiervon bestimmt sein.

Lange bevor wir diesem Kind geistliche Inhalte vermitteln können, müssen wir ihm helfen, seine Wut und seine Depressionen zu überwinden. Wir müssen versuchen, sein spezielles Problem zu verstehen und es wissen lassen, dass wir es bedingungslos lieben. Dann und nur dann können wir ihm verständlich machen, dass es eine persönliche Beziehung zu Jesus Christus braucht.

In unserem Erziehungssystem werden Lernschwierigkeiten heute eher erkannt als früher. Wir sind jetzt besser in der Lage, solch ein Kind zu verstehen und ihm zu helfen, aber es gibt immer noch Menschen, die dieses Problem nicht kennen. Leider glauben sie, ein Kind mit Lernschwierigkeiten sei faul, störrisch oder einfach dumm. Sie verstehen nicht, dass das Kind die Informationen, die es mit Hilfe seiner Sinne seiner Umwelt entnimmt, nicht so verarbeitet wie ein durchschnittliches Kind. Solch ein Kind entschlüsselt die Informationen, die es seiner Umwelt entnimmt, falsch aufgrund eines neurologischen Defekts, der gewöhnlich angeboren ist.

Stellen Sie sich vor, welchen Schwierigkeiten sich solch ein Kind gegenübersieht: Durch seine Probleme in der Schule wird Wut in ihm hervorgerufen. Diese Wut hat zwei Ursachen: Das Kind selbst kann die Aufgaben nicht verstehen und seine Eltern schimpfen, weil es die Aufgaben nicht erledigt. Deshalb fühlt es sich von seinen Eltern unverstanden und ungeliebt, was seine Wut und seine Depressionen noch verstärkt. Es kommt nicht mit seinen Altersgenossen aus und leidet schließlich unter schwersten Depressionen. Wenn es das Jugendalter erreicht, werden diese Depressionen wahrscheinlich schwerwiegende Verhaltens- und Gefühlsstörungen hervorgerufen haben.

An einem Nachmittag im letzten Sommer sah ich mir ein Baseball-Spiel an, an dem mein Sohn Dale teilnahm. Im gegnerischen Team erkannte ich Matt, der in jenem Frühjahr mit seinen Eltern bereits zu mir in die Beratung gekommen war. Der dreizehnjährige Matt litt unter Lernschwierigkeiten und galt als Problemkind.

Ich fand einen Platz neben Matts Nachbarn Larry. Matt stellte sich gerade zum Schlagen auf. „He, Larry", rief Matt, „welche Seite des Mals ist die rechte Seite? Ich glaube, ich schlage mit der rechten Hand. Das Kind, das eben geschlagen hat, ist Linkshänder. Soll ich auch dort stehen, wo es gestanden hat?"

„Nein, Matt", gab Larry ungeduldig zur Antwort. „Du solltest auf der anderen Seite der Gummiplatte stehen."

Larry wandte sich an mich. „Haben Sie schon mal so etwas Blödes gehört? Matt kann die rechte Seite der Ausgangsbasis nicht von der linken unterscheiden."

„Vielleicht hat er Lernschwierigkeiten", gab ich zu bedenken.

„Ganz bestimmt. Wenn er sich nicht so dumm anstellen würde, könnte er es lernen!"

„Nein, Larry, so ist das nicht", fuhr ich fort. „Es gibt Menschen, die rechts und links nicht unterscheiden können."

„Das gibt es nicht. Dem Kind fehlt nichts, was eine gelegentliche Tracht Prügel nicht kurieren könnte!"

Armer Matt. Zusätzlich zu den normalen Schwierigkeiten des Leistungswettbewerbes hat er noch mit der frustrierenden Erfahrung seiner Lernschwierigkeiten und verständnislosen Mitmenschen zu kämpfen. Glücklicherweise haben seine Eltern und seine Schule sein Problem erkannt und sind bestrebt, ihm zu helfen.

> *Sehr oft haben Kinder mit einer gestörten Auffassungsgabe Schwierigkeiten, unsere liebevollen Gefühle ihnen gegenüber überhaupt zu begreifen.*

Es ist von entscheidender Bedeutung, dass die Eltern dieser Kinder täglich auf deren gefühlsmäßige Bedürfnisse eingehen. Sehr oft haben Kinder mit einer gestörten Auffassungsgabe Schwierigkeiten, unsere liebevollen Gefühle ihnen gegenüber überhaupt zu begreifen. Aus diesem Grund brauchen sie ein besonders großes Maß an liebevoller Zuwendung, Körperkontakt und konzentrierter Aufmerksamkeit von den wichtigsten Bezugspersonen in ihrem Leben.

Um Liebe zu vermitteln, gebrauchen wir Blickkontakt (visuelle Wahrnehmung ist nötig), Körperkontakt (eine überaus wichtige Sinneswahrnehmung) und konzentrierte Aufmerksamkeit (erfordert Sehen, Hören und ein gewisses Maß an logischem Denken). Wenn auf einem dieser Gebiete ein Auffassungsproblem besteht, ist das Verständnis des Kindes beeinträchtigt. Dadurch entsteht sowohl bei uns als auch bei dem Kind gewaltige Frustration, ganz zu schweigen von der gestörten Verständigung.

Die Eltern leiden mit

Nicht nur das behinderte Kind erfährt Frustration und Wut, sondern auch seine Eltern. Sie durchlaufen gewöhnlich eine ganze Palette von Gefühlen, bevor sie der Tatsache ins Auge sehen können, dass ihr Kind unter Lernschwierigkeiten leidet.

Zunächst leugnen sie, dass das Problem besteht, was allein schon die Frustration des Kindes verstärkt. Sie bringen das Kind zu weiteren Therapeuten, um eine zweite und dritte Expertenmeinung zu hören; sie isolieren sich, weil sie glauben, dass niemand ihren Schmerz versteht.

Dann setzt eine Phase heftigster Schuldgefühle ein. Sie haben das Gefühl, für das Problem ihres Kindes verantwortlich zu sein.

Sie stellen ihre eigenen Erziehungsmethoden in Frage: „Waren wir zu streng?" „Waren wir zu nachgiebig?" Als nächstes folgt gewöhnlich die Wut. „Wir sind ganz gewiss nicht Schuld an dieser Situation. Wir haben unser Bestes getan. Wahrscheinlich hat dieser Arzt keine Ahnung, wovon er redet, und genauso wenig die Nachbarn und die Schule – sie haben ja alle keine Ahnung!"

Schließlich geben die Eltern einander die Schuld. Wenn das Kind das bemerkt, reagiert es mit Furcht und verstärkter Depression.

An diesem Punkt unterziehen sich Eltern, denen das Wohl ihres Kindes wirklich am Herzen liegt, einer Beratung. Dadurch lernen sie, dass noch Hoffnung besteht. Sie erfahren, wie sie mit dem speziellen Problem ihres Kindes umgehen können und wie sie an Hilfe für die schulischen Probleme ihres Kindes gelangen können. Bald gelingt es ihnen dann, einige Ursachen der Depressionen und der Wut im Leben ihres Kindes auszuräumen.

Rick, ein hübscher, dunkeläugiger Zehnjähriger, spazierte in mein Büro; seine Mutter Joyce folgte weit hinter ihm. „Ich hoffe, Sie können herausfinden, was los ist, Dr. Campbell", sagte er, „weil meine Mutter sich immer so viel Sorgen um mich macht. Manchmal weint sie sogar. Ich kann es nicht ausstehen, wenn sie weint. Vielleicht können sie ihr heute etwas sagen, damit sie sich besser fühlt."

Joyce war eine alleinerziehende Mutter. Ihr Ehemann hatte sie ein Jahr zuvor verlassen – zur gleichen Zeit war auch Ricks Problem zum ersten Mal aufgetreten. Sie war als Mutter aufrichtig bemüht, alles für Rick zu tun, was in ihrer Macht stand. Ricks Lehrer hatte ihr gesagt, dass Rick eigentlich gar nichts fehle. Ricks einziges Problem, sagte er, sei allzu große mütterliche Zuwendung.

„Sie geben sich zu große Mühe, die Abwesenheit seines Vaters auszugleichen, und Sie verwöhnen ihn. Er kann lesen. Er gibt sich nur störrisch, um mehr Aufmerksamkeit zu bekommen", meinte der Lehrer entschieden.

Bewaffnet mit dieser Information schenkte Joyce ihrem Sohn weniger Aufmerksamkeit und half ihm jeden Abend nach der Schule bei den Schulaufgaben. Es nützte nichts. Seine Verhaltensstörungen verschlimmerten sich und seine Noten sanken ganz nach unten. Zu diesem Zeitpunkt brachte Joyce ihn zu mir.

Nachdem wir ihn einigen Tests unterzogen hatten, ließ ich Rick und seine Mutter in mein Büro kommen.

„Nun, Rick, wollen wir einmal sehen, was wir tun können, damit es dir und deiner Mutter wieder besser geht."

Ich ging die Tests mit ihnen durch und zeigte ihnen, dass Rick unter einer visuellen Wahrnehmungsstörung und unter einer leicht verminderten Konzentrationsfähigkeit litt.

„Aber mach dir keine Sorgen, Rick, du bist ein intelligenter Junge und ich glaube nicht, dass du zu störrisch bist, um lesen zu wollen. Ich glaube, du bist in Ordnung, und ich werde versuchen, dir zu helfen."

Ricks Augen leuchteten. „Hast du das gehört, Mutti? Ich bin gar nicht dumm. Jetzt brauchst du dir um mich keine so großen Sorgen mehr zu machen."

Rick fühlte sich in starkem Maße verantwortlich für die Traurigkeit seiner Mutter. Es war klug von Joyce, dass sie eine Beratung aufsuchte. Dadurch erkannte sie sein wahres Problem und war in der Lage, einen Teil der Schuldgefühle auszuräumen, die für seine Depression mitverantwortlich waren.

Joyce hatte all die Frustration erfahren, unter der auch andere Eltern im Umgang mit einem wahrnehmungsgestörten Kind leiden. Diese Gefühle sind völlig normal. Das Problem ist nur, dass Eltern möglicherweise zu lange in einer dieser Phasen verharren und damit das geringe Selbstwertgefühl des Kindes noch mehr schwächen.

> *Wenn man die Probleme wahrnehmungsgestörter Kinder früh genug erkennt, können sie auf ein Mindestmaß reduziert werden.*

Wenn man die Probleme wahrnehmungsgestörter Kinder früh genug erkennt, können sie auf ein Mindestmaß reduziert werden. Bei James und Rick hatten die Eltern bzw. die Mutter deren Probleme rechtzeitig erkannt. Das Problem „rechtzeitig" erkennen heißt, es zu erkennen, bevor das Kind zu einem Jugendlichen herangewachsen ist.

Wenn das Problem bis zum Alter von dreizehn, vierzehn oder fünfzehn Jahren unbehandelt bleibt, beschränken sich die Probleme des Kindes wahrscheinlich nicht allein auf den schulischen Bereich. Es hat dann leider manchmal Probleme mit Drogen und Sexualität und neigt oftmals zum Lügen, Stehlen, Ausreißen oder sogar zu Selbstmordversuchen.

Durch die Berichte von James, Matt und Rick wollte ich Ihnen die Probleme von wahrnehmungsgestörten Kindern nahe bringen. Es liegt auf der Hand, dass ihre Probleme, die zusätzlich zu den normalen Belastungen des Lebens auftreten, eine wirkliche Gefährdung ihres allgemeinen Wohlergehens darstellen und das betrifft auch den Glauben. Es erfordert ein größeres Maß an Zeit, Geduld und Verständnis, die Gesamtentwicklung von Kindern mit Lernschwierigkeiten zu fördern, aber es ist möglich.

Kinder mit chronischen Krankheiten

Nicht nur Lernschwierigkeiten können das Verhalten von Kindern beeinträchtigen. Auch chronische gesundheitliche Probleme können zu Störungen des Verhaltens und des Gefühlslebens führen. Es besteht die Gefahr, dass Eltern sich so sehr mit den täglichen Bedürfnissen eines chronisch kranken Kindes beschäftigen (zum Beispiel mit der richtigen Tagesdosis Insulin), dass wir dabei seine emotionalen Bedürfnisse außer Acht lassen.

Wenn körperlich beeinträchtigte Kinder älter werden, nimmt ihre Bitterkeit über ihre Krankheit oder ihre Behinderung immer mehr zu. Sie werden wütend auf die Eltern, die für sie sorgen, weil diese unbeabsichtigt die natürliche liebevolle Zuwendung durch die tägliche medizinische Fürsorge ersetzt haben. Diese Kinder neigen oft dazu, nicht nur ihren Eltern, sondern allen Autoritätspersonen gegenüber mit Trotz zu begegnen.

Nehmen wir zum Beispiel Linda Walker, eine Siebzehnjährige, die von ihren Eltern zu mir in die Beratung gebracht wurde und von ihrer Mutter als „ein von Anfang an schwieriges Baby" beschrieben wurde.

„Wir haben alles versucht, aber es schien uns einfach nicht zu gelingen, sie glücklich zu machen. Als sie dann drei Jahre alt war, entdeckte der Kinderarzt, dass sie an einem chronischen Herzfehler litt. Von damals bis zum heutigen Tag bestand und besteht unser Leben mit ihr nur aus Besuchen bei Spezialisten."

„Wie ist ihr jetziger Gesundheitszustand?", fragte ich die Walkers. „Er hat sich stabilisiert", antwortete Paul Walker, „aber ihre Schwangerschaft bedeutet natürlich eine zusätzliche Belastung."

„Ich sehe hier, dass Sie noch ein Kind haben, einen Sohn. Wie steht es um seine Gesundheit?"

„Oh, ihm fehlt gar nichts", antwortete Frau Walker. „Wir sind so stolz auf Jeff. Er ist ein guter Sportler und spielt hervorragend Klavier."

„Hat Linda irgendwelche Hobbys?"

„Nein", antwortete ihr Vater. „Wir waren so damit beschäftigt, uns um ihr gesundheitliches Problem zu kümmern, dass wir nie viel Zeit hatten, andere Dinge mit ihr zu unternehmen. Verstehen Sie mich bitte nicht falsch, es ist nicht so, dass wir es nicht wollten. Sie war schon immer so ein griesgrämiges Kind, dass wir sie nie überzeugen konnten, etwas anderes zu tun, als zur Schule zu gehen. Und jetzt ist sie auf einmal schwanger. Ich schätze, nun ist es zu spät."

„Wenigstens wird sie den Vater des Kindes bald heiraten", fügte Frau Walker hinzu. „Vielleicht wird sie dadurch glücklich. Wir haben alles getan, was wir konnten, Dr. Campbell, aber wir haben ganz sicher irgendetwas falsch gemacht. In letzter Zeit leidet sie unter starken Depressionen. Ich bin froh, dass es uns gelungen ist, sie zu einem Gespräch mit ihnen zu überreden. Ich hoffe so sehr, dass es Ihnen gelingt, sich ihr verständlich zu machen. Sie ist innerlich in keiner guten Verfassung und das ist doch kein guter Start in eine Ehe."

Ich bat die Walkers, draußen zu warten, um mit Linda allein zu sprechen , und begleitete sie zur Tür des Wartezimmers.

Linda saß zusammengekuschelt auf einem Stuhl in der Ecke des Wartezimmers – siebzehn Jahre und schwanger.

„Möchtest du hereinkommen, Linda?", fragte ich und ging auf sie zu.

„Warum nicht? Deshalb haben sie mich ja hergebracht." Als sie mir in meinem Büro gegenübersaß, sagte sie stirnrunzelnd: „Ich weiß nicht, wofür das hier gut sein soll. Sie können ja doch nichts ändern."

„Da hast du Recht, Linda; ich kann die Dinge nicht ändern, aber vielleicht kann ich dir mit der Zeit helfen, eine andere Einstellung zu manchen Dingen zu bekommen."

Als Linda sich mir langsam anvertraute, bestätigten sich meine Vermutungen. Sie war das klassische Beispiel eines chronisch kranken Kindes, dessen Eltern so viel Zeit damit verbracht haben, sich um seine körperlichen Bedürfnisse zu kümmern, dass sie darüber seine emotionalen Bedürfnisse vergessen.

„Jeff kann dies, Jeff kann das! So ging es immer. Lass uns zu Jeffs Mannschaftsspiel gehen, Linda. Es wird dir gut tun, einmal herauszukommen. Lass uns zu Jeffs Klaviervortrag gehen, Linda. Vielleicht entschließt du dich dann, Klavierstunden zu nehmen. Und Sie sollten Jeffs Noten sehen – lauter Einsen. Ich bekomme Dreien, und ich finde, das ist gut genug."

Ich habe gerade erst begonnen, Linda zu beraten, aber ich habe den Eindruck, dass ihr aus ihrer Depression herausgeholfen werden kann. Ich weiß, dass ihre Eltern sie lieben. Sie merkten nicht, dass sie emotionale Zuwendung durch medizinische Fürsorge ersetzten. Sowohl Lindas mäßige Noten als auch ihre Schwangerschaft waren unbewusste Trotzreaktionen auf diese scheinbare Gleichgültigkeit.

Es gibt noch andere Gründe, weshalb chronisch kranke Kinder unter Depressionen und Bitterkeit leiden, aber in meiner jahrelangen Arbeit mit diesen Kindern habe ich festgestellt, dass es für ihre Eltern hauptsächlich zwei Fallstricke gibt. Es sind die beiden, die bereits erwähnt wurden: das Ersetzen der emotionalen Zuwendung durch medizinische Fürsorge und mangelnde Entschiedenheit in der Erziehung.

> *Eltern chronisch kranker Kinder empfinden so viel Mitleid und manchmal sogar Schuldgefühle, dass sie einem Fehlverhalten des Kindes nicht mit der nötigen Entschiedenheit entgegentreten.*

Eltern chronisch kranker Kinder empfinden so viel Mitleid und manchmal sogar Schuldgefühle, dass sie einem Fehlverhalten des Kindes nicht mit der nötigen Entschiedenheit entgegentreten. Daher wird das Kind tyrannisch und gebraucht seine Krankheit, um seine Eltern zu beherrschen.

Wie in James' Geschichte deutlich wurde, ist Erfolg möglich. Wenn das Problem rechtzeitig entdeckt und Hilfe gesucht wird, können Eltern und Kinder auf erstaunliche Weise profitieren. Das Kind wird nicht nur in der Lage sein, den schulischen Anforderungen gerecht zu werden, sondern es wird das Bewusstsein entwickeln, dass es von seinen Eltern und Freunden tatsächlich geliebt wird.

Wenn es die normalen, autoritätsfeindlichen Jahre des Jugendalters durchlaufen hat, sind die Chancen gut, dass es die geistlichen Wertvorstellungen seiner Eltern übernehmen wird, nicht nur weil sie es wollen, sondern weil es sein eigener Wunsch ist.

11. Der Zerfall der Familie

Besser ein Gericht Kraut mit Liebe, als ein gemästeter Ochse mit Hass! (Sprüche 15,17)

Mark Johnson saß mir gegenüber und trommelte ungeduldig mit seinen wohlmanikürten Fingern auf der Armlehne. Er war offensichtlich ein wohlhabender Mann. Seine Erscheinung und sein Auftreten waren tadellos. Seine hübsche Frau Brenda, deren Kleidung und Verhalten einen ebenso perfekten Eindruck machten, schien ebenso ungeduldig zu sein.

„Es tut mir Leid, dass Sie warten mussten", begann ich, nachdem ich ihre Akte durchgesehen hatte. „Ich sehe hier, dass Sie Anwalt sind, Mark. Mein Schwiegersohn ist auch Anwalt. Ich bewundere Anwälte. Unzählige Recherchen müssen durchgeführt werden, bevor ein Fall geklärt werden kann.

Und wie geht es Ihnen, Brenda? Hält Sie das Geschäft mit Kinderkleidung in Schwung?" Brenda ist Besitzerin und Geschäftsführerin einer modischen Kinderboutique.

Sowohl Mark als auch Brenda sind Sonntagsschullehrer und in ihrer großen Gemeinde sehr aktiv. Nach außen hin machen sie den Eindruck eines erfolgreichen Ehepaares. Sie haben zwei Kinder, die sechsjährige Tochter Amy und den elfjährigen Sohn Todd.

„Was führt Sie in mein Büro?"

„Dr. Campbell, wir müssen mit Ihnen über Todd sprechen", begann Brenda. „Vor sechs Monaten verwandelte er sich von einem normalen Jungen in einen schweigenden Fremden, der ständig wütend war. Er fand stets Ausreden, um nicht mit uns zusammen sein zu müssen. Wir haben ohnehin schon wenig Zeit füreinander. Marks Arbeitspensum wächst täglich und durch die Arbeit in meinem Geschäft komme ich häufig erst nach zehn Uhr abends nach Hause."

„Ja, Dr. Campbell", pflichtete Mark ihr bei, „und man sollte glauben, dass die Kinder froh darüber sind, dass sie sich so viel leisten können, weil wir so viel arbeiten. Amy hat uns keine Schwierigkeiten gemacht, aber mit Todd ist das etwas anderes. Vor einigen Tagen brachten ihn seine Freunde abends betrunken nach Hause. Warum macht ein elfjähriges Kind nur so etwas?"

„Wir sind sprachlos vor Entsetzen", fügte Brenda hinzu. „Außerdem hat er mit diesem dummen Verhalten noch unseren ganzen Zeitplan durcheinander gebracht. Mark musste einigen Klienten absagen, und ich musste mir im Geschäft freinehmen, um diesen Termin mit Ihnen wahrnehmen zu können. Verstehen Sie mich bitte nicht falsch, wir möchten Todd natürlich helfen, aber wir verstehen einfach nicht, wie das passieren konnte. Wie Mark sagte, haben wir ihm alles gegeben und auf diese Weise dankt er es uns."

„Was ist nur mit unserem Jungen los, Dr. Campbell?", fragte Mark und ging unruhig im Zimmer auf und ab. „Oder liegt es vielleicht an uns? Ich kann die rechtlichen Probleme der wichtigsten Leute in dieser Stadt regeln, aber es gelingt mir nicht, meinen eigenen Sohn glücklich zu machen."

Was war los? Warum nahm ein Elfjähriger regelmäßig Alkohol zu sich? Während meiner Beratungsgespräche mit Todd und den Eltern fand ich heraus, dass Todd oft Alkohol getrunken hatte, es aber bisher stets vor seinen Eltern verbergen konnte.

Warum nimmt die Zahl der Elfjährigen, die versuchsweise Alkohol und Drogen konsumieren, ständig zu? Warum sagten 57 Prozent der Fünfzehnjährigen in einer vor einiger Zeit in Amerika durchgeführten Studie, dass sie in den letzten zwölf Monaten mehr als einmal Alkohol zu sich genommen hatten? Warum ergab diese Studie, dass nahezu doppelt so viele Elfjährige behaupteten, im Alter von zehn Jahren schon mit Alkohol experimentiert zu haben als Vierzehn- und Fünfzehnjährige?

> *Viele Eltern*
> *sind zu beschäftigt,*
> *um sich Zeit*
> *für ihre Kinder*
> *zu nehmen.*

Die Antwort auf diese Fragen ist meiner Ansicht nach im Zerfall der Familie zu suchen. Viele Eltern sind zu beschäftigt, um sich Zeit für ihre Kinder zu nehmen. Junge Menschen erhalten wenig oder gar keine Fürsorge. Ihre emotionalen Bedürfnisse bleiben unerfüllt. Sie fühlen sich nicht geliebt. Daher sind sie offen für negative Einflüsse ihrer Altersgenossen, weil sie dort Zuwendung und Annahme suchen.

Belastungen, denen die Familie ausgesetzt ist

Wenn beide Eltern berufstätig sind, ist es sehr schwierig, sowohl der Familie als auch der Karriere gerecht zu werden. Vielen Eltern fehlt einfach die Motivation oder das Durchhaltevermögen. Daher muss einer der beiden Bereiche zurückstehen und das ist fast immer das Familienleben.

Eine Scheidung wird gewöhnlich als die größte Gefahr für die Familie bezeichnet. Aber das trifft nicht in allen Fällen zu. Ein alleinerziehender Elternteil kann ein Kind durch liebevolle Erziehungsmaßnahmen und Zuwendung ebenso fördern wie beide Eltern, manchmal sogar noch mehr. Ich befürworte eine Scheidung nicht, aber manchmal ist sie zum Wohle und zur Sicherheit aller Beteiligten notwendig.

Mark und Brenda sind ein Musterbeispiel. Sie sind so mit ihrer jeweiligen Karriere beschäftigt, dass sie noch nicht einmal wissen, wo ihr Sohn sich aufhält. Nach außen erwecken sie den Eindruck, sie seien perfekte Eltern. Sie sind finanziell erfolgreich, sie arbeiten aktiv in der Gemeinde mit und sie haben zwei wunderbare, aber sehr unglückliche Kinder. Ja, wir fanden heraus, dass die sechsjährige Amy ein wütendes Kind ist.

Der entscheidende Faktor für ein glückliches Familienleben ist nicht das Vorhandensein beider Elterntei-

> *Der entscheidende Faktor für ein glückliches Familienleben ist die elterliche Fürsorge.*

le, sondern die elterliche Fürsorge, die sich auf die wahren Bedürfnisse des Kindes richtet. Ein alleinerziehender Elternteil kann ein Kind ebenso gut großziehen und durch die „schrecklichen Teenagerjahre" in ein verantwortungsbewusstes Christenleben hineinleiten wie ein Elternpaar. Ich habe das selbst unzählige Male gesehen.

Es ist nicht mehr zu übersehen, dass die traditionelle Familieneinheit riesige Risse und Sprünge aufweist. Selbst christliche Eltern wie Mark und Brenda Johnson sind nicht dagegen gefeit. Das alles überlagernde Verlangen nach materiellem Besitz lässt keine Zeit mehr für die grundlegenden Bedürfnisse der Kinder.

Christliche Eltern versuchen oft, sich damit zu beruhigen, dass sie ihre Kinder jeden Sonntag zum Gottesdienst und in die Sonntagsschule bringen.

Damit glauben sie den geistlichen Bedürfnissen ihrer Kinder Genüge zu tun, aber das ist nicht der Fall. Wie bereits in Kapitel 5 ausgeführt wurde, sind Kinder wie Amy und Todd Johnson zu wütend, um irgendwelche geistliche Lehre anzunehmen. Sie haben so wenig emotionale Zuwendung erhalten, dass sie sich ungeliebt fühlen und versuchen, es ihren Eltern auf irgendeine Weise „heimzuzahlen". Todd Johnson entschloss sich für den Alkoholkonsum. Im Zusammenhang mit Zeit hört man häufig die Begriffe *Qualität* und *Quantität* – nicht nur wie lange, sondern auch auf welche Weise man sich mit seinen Kindern beschäftige, sei entscheidend. Der entscheidende Begriff ist aber weder Qualität noch Quantität, sondern schlicht und einfach *Zeit*.

„He, Mike, bis zu meinem Treffen um sieben Uhr habe ich noch etwas Zeit. Wie wäre es, wenn wir etwas Basketball spielen? Ich gebe dir vier Punkte vor."

„O.K., Vati, aber ich gebe *dir* die vier Punkte vor."

„Lisa, ich sehe gerade, dass morgen in der Teenagerboutique im Einkaufszentrum eine Modenschau stattfindet. Wollen wir uns die ansehen und nachher eine Pizza essen gehen?"

Das Entscheidende ist, dass Sie Zeit mit Ihrer Familie verbringen – Ihre Kinder kennen lernen, Ihnen sagen, dass Sie sie lieben und sie wissen lassen, wie viel sie Ihnen bedeuten.

Ein Teil der Sorge über den Zusammenbruch der Familie kann ausgeräumt werden, wenn wir einander Zeit schenken. Die grundlegende Idee einer christlichen Familienstruktur ist gegenseitige Liebe. Sie beruht darauf, dass wir uns um die emotionalen, körperlichen, psychologischen und geistlichen Bedürfnisse aller Familienmitglieder kümmern.

Es spielt eigentlich keine Rolle, was wir unternehmen oder was wir für die Zeit, die wir mit unseren Kindern verbringen, planen. Wir können Basketball spielen, Einkaufen gehen oder einfach einen Ausflug unternehmen. Das Entscheidende dabei ist, dass wir unsere Kinder wissen lassen, dass sie geliebt werden, dass sie es uns wert sind, ihretwegen die äußeren und inneren Einflüsse zu überwinden, die Eltern und Kinder voneinander trennen wollen.

Ungeachtet wie groß die Familie ist und ob ein oder beide Elternteile vorhanden sind, kann das liebevolle Beisammensein die einzelnen Familienmitglieder und die Familie als Ganzes stärken. Wenn man Sie fragte, an welche glückliche Begebenheit aus Ihrem Familienleben Sie sich erinnern, was würde Ihnen einfallen? Denken Sie mit liebevoller Erinnerung an die *Dinge* zurück, die Ihnen Ihre Eltern gaben, oder sind es persönliche Augenblicke der Gemeinschaft, die Ihnen lebendig im Gedächtnis geblieben sind?

> *Das liebevolle Beisammensein kann die einzelnen Familienmitglieder und die Familie als Ganzes stärken.*

Ich habe eine Bekannte, die versucht, das gemeinsame Frühstück in ihrer Familie zum Höhepunkt des Tages werden zu lassen, weil sie selbst als Kind die Zeit am Frühstückstisch immer sehr liebte. Sie erinnert sich, dass jeder am Tisch zur Unterhaltung beitrug und über den geplanten Tagesablauf sprach, auch ihre Eltern. Vor allem aber ist ihr das Gefühl der Zusammengehörigkeit im Gedächtnis geblieben, ein Gefühl der Zugehörigkeit und des Geliebtwerdens.

Vielleicht können Sie sich daran erinnern, wie Ihre Mutter Puppen-Kleider für Sie nähte oder wie Ihr Vater einmal einen langen Spaziergang mit Ihnen unternahm. Vielleicht fällt Ihnen auch die Feier an Ihrem elften Geburtstag ein oder ein besonders lustiger Ausspruch, dessen Bedeutung alle Familienmitglieder kannten. All diese Erinnerungen tragen zu einem Gefühl der Zusammengehörigkeit und des Angenommenseins bei und die meisten gehen auf ganz einfache Begebenheiten zurück, die durch die Liebe und das Zusammengehörigkeitsgefühl der Beteiligten zu einem besonderen Erlebnis wurden.

Wie fördert man den Zusammenhalt der Familie?

Was können Sie als christlicher Vater oder Mutter tun, um das Auseinanderbrechen Ihrer Familie zu verhindern? Es gibt keine einfachen, vorgefertigten Antworten auf diese Frage, aber das bedeutet nicht, dass das Ziel des Familienzusammenhalts nicht erreicht werden kann. In meinen Beratungsgesprächen mit Mark und Brenda Johnson und ihrem Sohn Todd fanden diese allmählich Wege, wie sie ihre Gewohnheiten ändern konnten.

Mark erkannte: Wenn er sich Zeit nehmen konnte, mit seinem Sohn zu Beratungsstunden zu gehen, dann konnte er auch Zeit finden, mit ihm gemeinsam etwas Schönes zu unternehmen, um so vielleicht künftige Beratungen überflüssig zu machen. Sowohl Mark als auch Brenda wurde klar, dass ihr gegenwärtiger Lebensrhythmus nicht nur Todd, sondern auch ihrer Tochter Amy schadete.

Sie begannen, ihren persönlichen Glauben in ihrem Alltagsleben Gestalt annehmen zu lassen. Bevor Todds Problem aufgetreten war, waren Mark und Brenda nur „Sonntagschristen" gewesen. Durch solch eine Haltung jedoch vermittelt man Kindern eine sehr gefährliche Botschaft. Fast immer hat das unweigerlich zur Folge, dass die Kinder die geistlichen Überzeugungen ihrer Eltern nicht verstehen, weil Theorie und Praxis einander widersprechen.

Es dauert eine ganze Weile, bis man alte, eingefahrene Verhaltensformen ändern kann, aber die Johnsons sind entschlossen, ihr eigenes und das Leben ihrer Kinder in bessere Bahnen zu lenken. Sie besuchten regelmäßig die Beratungssitzungen und bald gelang es ihnen, ihre Familie wieder zusammenzubringen. Sie lernten, wie sie die Liebe zum Ausdruck bringen konnten, die sie für Todd und Amy empfanden, für die sie sich aber bisher keine Zeit genommen hatten.

Sie sollten stets die Gesamtpersönlichkeit Ihrer Kinder im Auge behalten. Kümmern Sie sich nicht allein um ihr Bedürfnis nach materiellen Dingen in der Erwartung, dass ihre Entwicklung ganz von selbst den richtigen Verlauf nehmen wird. Es genügt nicht, sie sonntags in die Gemeinde zu bringen und für den Rest der Woche geistliche Wertvorstellungen aus Ihrem Leben auszuklammern.

> *Sie sollten stets die Gesamtpersönlichkeit Ihrer Kinder im Auge behalten.*

Denken Sie auch an die emotionalen Bedürfnisse Ihres Kindes. Wenn es nicht geliebt wird, kann es kein Selbstwertgefühl entwickeln und daher nichts annehmen, was sie ihm geben oder es lehren wollen. Die innere Not eines wütenden Kindes ist groß.

Ich kann nicht genug betonen, wie wichtig es ist, sich mit der einzigartigen Persönlichkeit jedes Kindes vertraut zu machen. Vor nicht allzu langer Zeit sprach ich mit einem Vater, der die Besorgnis äußerte, sein Sohn werde einmal „zu weich".

„Ich werde das Kind zum Karateunterricht schicken", sagte mir dieser Mann. „Er muss lernen, dass er im Leben auch manchmal hart sein muss. Er muss lernen sich durchzusetzen."

„Freut er sich schon darauf?", erkundigte ich mich.

„Ich habe es bisher weder ihm noch seiner Mutter gesagt", antwortete der Mann. „Wenn es nach ihr ginge, wäre dieses Kind total verweichlicht. Sie glaubt, man könne jede Meinungsverschiedenheit durch ein Gespräch aus dem Weg räumen. Ich weiß es besser. Ein Kind, und ganz besonders ein Junge, muss lernen zu kämpfen und sich zu verteidigen, wenn er es in diesem Leben zu etwas bringen soll."

Das Kind, dem diese Karatestunden zugedacht sind, ist ein ruhiger 25-Prozentler, der sich für Tennis, Baseball und Musik interessiert. Er könnte unter Umständen Schaden nehmen, wenn er versucht, den an einem übertriebenen Männlichkeitsideal ausgerichteten Erwartungen seines Vaters gerecht zu werden. Ganz gewiss aber wird er Schaden nehmen, wenn er hört, wie sich seine Eltern über seine Erziehung streiten. Wenn sein Vater sich nur die Zeit nähme, ihn kennen zu lernen und ihm bedingungslose Liebe zu schenken, könnte nicht nur die Vater-Sohn-Beziehung, sondern die ganze Familie davon profitieren.

> *Ein Mangel an Verständigung wirkt sich auf die ganze Familie schädlich aus.*

Ein Mangel an Verständigung wirkt sich auf die ganze Familie schädlich aus. Dieser Vater sollte einmal aufrichtig sich selbst und seine Einstellung seiner Frau gegenüber überprüfen und sich dann bemühen, die Kanäle der Verständigung wieder freizumachen. Die beiden müssen sich über die Frage der Kindererziehung einigen, um die Entwicklung ihres Sohnes fördern zu können. Die Atmosphäre der Liebe und der Zuneigung zwischen den Eltern wird sich auf den Jungen positiv auswirken, und die gesamte Familienstruktur wird sich verbessern. Bedingungslose Liebe lässt einen zwanglosen und aufrichtigen Umgang miteinander zu.

Vor allem sollten Sie sich Zeit nehmen, um Ihren Kindern zu zeigen, dass Sie sie lieben. Gleichgültig, wie alt sie sind, sie bedürfen stets Ihrer Liebe. Eine der ergreifendsten Geschichten, die ich jemals gelesen habe, stand in der amerikanischen Augustausgabe des *Reader's Digest* von 1986 (S. 160): Carmen erinnerte sich, dass ihre Mutter ihr im Alter von sechs Jahren sagte, sie sei nun zu alt, um geküsst zu werden. Das kleine Mädchen litt so sehr darunter, dass sie jeden Morgen ins Badezimmer ging, um das Kosmetiktuch zu suchen, mit dem ihre Mutter sich den Lippenstift abgewischt hatte. Sie trug es den ganzen Tag bei sich. Immer wenn sie einen Kuss wollte, rieb sie sich das lippenstiftverschmierte Tuch gegen ihre Wange.

Erst im Alter von 43 Jahren gab Carmen zu, dass die Weigerung ihrer Mutter sie zu küssen, einer der schmerzlichsten Augenblicke ihres Lebens war.

Jetzt liegt es an Ihnen, solche schmerzlichen Augenblicke im Leben Ihres Kindes zu verhindern. Als alleinerziehender Elternteil oder als Elternpaar sollten Sie objektiv in Ihrer Familie nach schwachen Bereichen Ausschau halten und gegebenenfalls auf eine Verbesserung hinarbeiten. Sie sollten bereit sein, auch einmal Opfer für den anderen zu bringen. Zeigen Sie bedingungslose Liebe, nehmen Sie aufrichtig Anteil an den Interessen der anderen Familienmitglieder – all dies trägt dazu bei, die Familie zu einer starken Einheit zusammenzuschweißen.

Dem Einzelnen Zeit widmen

Kürzlich las ich mit großem Interesse den Bericht über eine Familie von überzeugten Christen. Ein junger Student im Priesterseminar erkannte, welch großen positiven Einfluss seine Mutter auf die ganze Familie ausgeübt hatte. Er schrieb ihr und fragte sie, welche Methoden sie bei der Erziehung und der Unterweisung ihrer Kinder angewandt hatte. Dieses Wissen wollte er in seinen Gesprächen mit jungen Eltern weitergeben.

Die Frau, die zehn Kinder großgezogen hatte, schrieb in ihrem Antwortbrief, dass es ihr Hauptziel gewesen war, ihre Kinder Respekt vor Gott und vor einander zu lehren. Einige ihrer Regeln lauteten:

1. *Kein Kind, das zweimal für dasselbe Vergehen körperlich bestraft wurde, wurde dafür jemals wieder getadelt.*
2. *Jedes Kind musste das Privateigentum der anderen respektieren, auch in den kleinsten Dingen.*
3. *Jeder Gehorsamsakt wurde gelobt und regelmäßig belohnt.*
4. *Versprechen wurden strikt eingehalten.*

Aber am wichtigsten war, dass diese Mutter jedem Kind eine Stunde Zeit widmete, in der sie sich nur mit ihm allein beschäftigte. Sie wusste, dass jedes Kind das Bedürfnis hatte, mit ihr allein zu sein.

Ihr Ehemann war oft nicht zu Hause, daher musste sie sich meist allein um die geistlichen und emotionalen Bedürfnisse ihrer Kinder kümmern. Neben ihrer täglichen Fürsorge für ihre große Familie lehrte sie auch in der Sonntagsschule und hielt Andachten.

Ist es verwunderlich, dass der junge Student im Priesterseminar stolz auf seine Mutter war und ihre Methoden an seine Gemeindeglieder weitergeben wollte? Seine Mutter wiederum wurde wahrhaft belohnt durch den christlichen Lebenswandel ihres Sohnes, denn sein Name war John Wesley, und sie war Susannah Wesley. Ihre Korrespondenz fand im Jahre 1732 statt. Susannah Wesley wusste ganz instinktiv, was ich Ihnen heute vermitteln möchte: Fördern Sie die Gesamtpersönlichkeit Ihres Kindes und schenken Sie ihm konzentrierte Aufmerksamkeit.

> *Fördern Sie die Gesamtpersönlichkeit Ihres Kindes und schenken Sie ihm konzentrierte Aufmerksamkeit.*

Frau Wesleys Töchter lernten ebenso wie alle ihre Söhne unter ihrer Anleitung, und sie brachte ihnen auch das Lesen bei. Sie betonte christliche Glaubensüberzeugungen nicht nur theoretisch, sondern lebte sie auch täglich vor. Liebe und Verständnis waren zu einem solch festen Bestandteil ihres Wesens geworden, dass Susannah Wesley all ihren Kindern und besonders John stets ein guter Freund blieb.

Susannah Wesley war im Grunde eine alleinerziehende Mutter, und doch konnte sie es verhindern, dass ihre Familie auseinanderbrach. Sie nahm sich Zeit, ihren Kindern konzentrierte Aufmerksamkeit zu schenken, sie ließ sie wissen, dass sie sie liebte. Ihre Glaubensüberzeugungen wurden in ihrem Alltagsleben sichtbar.

Ich weiß, dass es keine leichte Aufgabe ist. Ich weiß, dass Eltern müde werden können. Ich bin selbst Vater. Oft wäre ich viel lieber auf der Couch eingeschlafen, als ein Fußball- oder Baseballspiel zu besuchen, aber ich war später immer froh, dass ich doch hingegangen bin.

Wenn Sie sich nicht bemühen, Ihre Familie zusammenzuhalten, fehlt Ihren Kindern das positive Vorbild, das sie brauchen, wenn sie selbst einmal eine eigene Familie gründen. Die Liebe und die Achtung, die Sie Ihren Kindern schenken, wird sich hundertfach auszahlen. Ebenso wird sich der Schaden, den eine lieblose Familienatmosphäre anrichtet, auf viele künftige Generationen auswirken.

Ein Ehepaar im Alter von ungefähr dreißig und fünfunddreißig Jahren, das eine Scheidung in Erwägung zog, kam zu mir zur Beratung.

„Ich halte es einfach nicht mehr aus", sagte Nancy White. „Randy ist so abweisend. Ich empfinde gar nichts mehr für ihn, weil er so kalt ist. Er war nie besonders zärtlich, aber jetzt ist es einfach unerträglich geworden. Ich glaube nicht, dass er einen von uns lieb hat."

Randy saß schweigend da und hörte seiner Frau zu. „Er umarmt noch nicht einmal mehr die Kinder", fuhr sie fort. „Weil er Pilot ist, kann er nicht viel Zeit mit uns verbringen, aber auch wenn er zu Hause ist, schenkt er uns kein Zeichen der Zuneigung."

„Ich kann nichts dafür, Nancy", stieß Randy hervor. „Niemand in meiner Familie hat mich je berührt oder mir gesagt, dass er mich liebt, oder überhaupt irgendeine sentimentale Gefühlsregung gezeigt. Ich kann das nicht. Ich weiß gar nicht, wie das geht."

Leider ließ sich dieses Ehepaar scheiden, aber Randy kehrte später zu mir zur Beratung zurück. Ich fand heraus, dass er nicht in der Lage war, Liebe zu geben oder zu empfangen, weil er aufgrund des damaligen Verhaltens seiner Eltern ein geringes Selbstwertgefühl entwickelt hatte.

Wer Kinder erzieht, ist wie jemand, der einen kleinen Stein in einen ruhigen Teich wirft. Die positiven oder negativen Auswirkungen Ihres Umgangs mit Ihren Kindern werden sich Jahr um Jahr in zahllosen Familien der nachfolgenden Generationen fortsetzen, so wie die bewegte Wasseroberfläche, in die ein Stein gefallen ist, immer größere Kreise zieht.

Ob es sich um Arbeit oder Spiel handelt, die Zeit, die Sie mit Ihrem Kind verbringen, ist unbezahlbar. Nur wenn Sie Ihrem Kind Zeit widmen, können Sie es kennen lernen und ihm Ihre Liebe und Ihr Verständnis entgegenbringen. Sie können ihm diese Liebe nicht über das Telefon oder mit einer Notiz vermitteln, die Sie mit einem kleinen Magneten an der Kühlschranktür befestigen. Solch eine Verständigung hat auch ihren Platz, aber sie kann niemals ein Ersatz für das dringend erforderliche Gespräch unter vier Augen sein.

> *Nur wenn Sie Ihrem Kind Zeit widmen, können Sie es kennen lernen und ihm Ihre Liebe und Ihr Verständnis entgegenbringen.*

12. Gesunder Menschenverstand in der Kindererziehung

Schließlich, meine lieben Brüder, orientiert euch an dem, was wahrhaftig, gut und gerecht, was anständig, liebenswert und schön ist. Wo immer ihr etwas Gutes entdeckt, das Lob verdient, darüber denket nach. Haltet an dem Evangelium fest, so wie ihr es von mir gehört und angenommen habt. Richtet euch nach dem, was ich euch gelehrt habe, und lebt nach meinem Vorbild. Dann wird Gott bei euch sein und euch seinen Frieden schenken. (Philipper 4, 8-9)

Al und Brad Stockman bogen mit dem Auto ihres Vaters in den Holzwiesenweg ein.

„Al! Mach die Scheinwerfer aus", sagte Brad zu seinem Bruder. „Wenn Vati sieht, dass wir so spät nach Hause kommen, sind wir geliefert. Heute durften wir zum ersten Mal das Auto benutzen und schon kommen wir zwei Stunden später als vereinbart nach Hause."

Der sechzehnjährige Al Stockman fuhr langsam in die Einfahrt (in einigen Bundesstaaten in Amerika darf man bereits mit sechzehn Jahren die Fahrprüfung ablegen). „Mach die Garagentür auf, Brad", flüsterte er seinem fünfzehnjährigen Bruder zu.

Brad stieg leise aus und hob die Garagentür an. Er winkte das Auto in die Garage ein und ließ die Garagentür vorsichtig wieder zufallen.

„Meinst du, dass Vati und Mutti noch auf sind?", fragte er flüsternd seinen Bruder. „Ich hoffe nicht", antwortete Al. „Es ist ein Uhr morgens und wir sollten um elf zu Hause sein. Wenn es uns gelingt, durch die Küche zu schleichen, ohne an den Tisch zu stoßen, haben wir es geschafft."

Die Jungen stiegen die Treppenstufen hinauf, öffneten vorsichtig die Tür und schlichen auf Zehenspitzen durch die Küche. Als sie den halben Weg zurückgelegt hatten, wurde der Raum auf einmal von hellem Licht durchflutet.

„O nein!", stöhnte Al. Am Küchentisch saß seine Mutter und trank eine Tasse Kaffee. Dorothy und Jack Stockman waren aufgeblieben, um auf die Jungen zu warten. Jack setzte sich wieder neben Dorothy.

„Jetzt gibt's was!", murmelte Al und versetzte Brad einen Stoß in die Rippen. „Sag kein Wort, überlass alles mir."

„Nun, ihr beiden", begann ihr Vater, „ich habe den Eindruck, dass ihr eure Sperrstunde ein wenig überzogen habt."

Dorothy Stockman wickelte sich ihren blauen Morgenmantel eng um die Schultern. „Fehlt euch auch nichts? Wo um alles in der Welt habt ihr gesteckt? Wir haben uns Sorgen um euch gemacht."

„Das ist wirklich dumm, Mutti", knurrte Al. „Mann, ich bin sechzehn Jahre alt und ihr behandelt mich wie ein Baby."

„Wir konnten wirklich nichts dafür", warf Brad ein und setzte sich zu seinen Eltern an den Tisch. „Wir verließen das Theater rechtzeitig, damit wir um elf Uhr zu Hause sein konnten, aber der rechte Autoreifen war total platt."

„Ich mach das schon, Brad", fuhr Al seinen jüngeren Bruder an. An seinen Vater gewandt meinte er: „Ja, und als wir den Kofferraum aufmachten, um das Reserverad herauszuholen, war es auch platt! Da mussten wir einen Abschleppwagen anrufen, damit wir das Auto zu einer Werkstatt bringen und den Reifen aufpumpen lassen konnten. Ich dachte, wir würden nie dort ankommen, und der Mann in der Werkstatt arbeitete im Schneckentempo. Es war nicht unsere Schuld, dass es so lange gedauert hat."

„Da hast du recht, Al, es war nicht eure Schuld", stimmte Jack Stockman zu. „Aber ihr wusstet doch bestimmt, dass eure Mutter und ich uns Sorgen machen, wenn ihr nicht zur vereinbarten Zeit nach Hause kommt. Habt ihr gar nicht daran gedacht? Warum habt ihr uns nicht angerufen und uns Bescheid gesagt?"

„Vati hat Recht, Al. Wir hätten anrufen sollen."

„Ich sehe das Ganze nicht so dramatisch", erwiderte Al. „Wir sind zu Hause und alles ist in Ordnung. Was soll die ganze Aufregung?"

„Ja, Jungs, ihr seid zu Hause und alles ist in Ordnung, aber vor einer Stunde wusste eure Mutter noch nicht, dass alles in Ordnung ist. Ich glaube, wenn ihr zwei Wochen auf das Auto verzichtet, wird euch das daran erinnern, wie man ein Telefon benutzt, damit ihr uns in Zukunft wissen lasst, wenn wieder einmal so etwas passiert. Lasst uns jetzt ins Bett gehen."

Jack und Dorothy Stockman sind gute christliche Eltern, die ihren Kindern ihre geistlichen Wertvorstellungen von Anfang an vorlebten.

Sie kennen ihre Söhne. Sie haben sich Zeit genommen, jeden in seiner Eigenart kennen zu lernen.

Daher ließen sie es zu, dass Al seinen Ärger über den platten Reifen zum Ausdruck brachte. Sie wussten wahrscheinlich auch, dass Al ermutigt werden musste, weiter über die Sache zu sprechen, und reagierten daher dementsprechend.

In einer anderen Familie kann aufgrund der Persönlichkeiten der Betroffenen mit demselben Vorfall ganz anders umgegangen werden. In einer dritten Familie kann das späte Heimkommen von zwei Teenagern eine solch gewaltige Aufregung verursachen, dass sich ein oder beide Elternteile gezwungen sehen, Hilfe von außen zu suchen. Sie werden allein nicht mit den wütenden Worten fertig, die beinahe immer fallen, wenn Teenager etwas falsch machen.

Damit möchte ich betonen, dass es keine allgemeingültigen Lösungen für irgendein Problem gibt. Wenn Sie mit Kindern zu tun haben, geht es nicht in erster Linie um das Problem selbst als vielmehr um die elterliche Reaktion auf das Problem. Wenn Sie sich aufgrund von Problemen in Ihrer Familie nach außen wenden, um Hilfe zu finden, kann das nur von Vorteil sein. Kluge Eltern suchen Rat.

> *Bei Kindern geht es nicht in erster Linie um das Problem selbst als vielmehr um die elterliche Reaktion auf das Problem.*

Eltern schaffen es nicht immer allein

Als christliche Eltern müssen Sie erkennen, dass Sie nicht immer alle Probleme allein bewältigen können, auch wenn Sie das gerne möchten. Sie werden manchmal Hilfe brauchen. Wenn dieser Fall eintritt, sollten Sie keine Schuldgefühle bekommen oder sich als Versager fühlen.

> *Bei der Förderung der geistlichen Entwicklung von Kindern braucht man fast immer Hilfe.*

Bei der Förderung der geistlichen Entwicklung von Kindern braucht man fast immer Hilfe, besonders bei 75-Prozentlern. Da diese dazu tendieren, gegen die elterliche Führung zu rebellieren, ist es oft sehr wichtig, dass ein Außenstehender Einfluss nimmt.

Ich selbst suche Hilfe von außen. Ich bin seit dreißig Jahren Christ und seit beinahe zwanzig Jahren Arzt, aber dennoch weiß ich, dass ich die geistlichen Grundlagen nicht allein legen kann.

Zunächst wende ich mich an die Gemeinde. Ich würde notfalls um meiner Kinder willen sogar die Gemeinde wechseln. Eine Gemeinde mit einem guten Jugendleiter ist ein absolutes Muss für Teenager.

Der Weg unseres Ältesten David zu einer lebendigen Glaubensbeziehung war nicht einfach. Er ist ein muskulöser, kraftstrotzender Athlet, der wie viele solcher Menschen alles, was mit dem Glauben zusammenhängt, für Kinderkram hielt. Als David ins Teenageralter kam und eine gemeindefeindliche Haltung entwickelte, waren wir dankbar, dass er in unserem Jugendleiter einen Gesprächspartner fand, den er akzeptierte und anerkannte. Unser Jugendleiter war ebenfalls ein äußerst sportlicher Typ und von entsprechender Statur. Er und David wurden gute Freunde, wir hätten es nicht besser treffen können. Wer könnte einem kraftstrotzenden, athletischen Jugendlichen besser von Christus erzählen als ein kraftstrotzender, athletischer Erwachsener?

Der nächste Ort, an dem unsere Kinder Hilfe erfuhren, war die Schule. Wir hatten uns für ein bestimmtes Gymnasium entschieden, weil wir wussten, dass dort der Schulleiter und einige Lehrer Christen sind. Dennoch ist es eine öffentliche Schule. Wir möchten, dass die Jungen in der Lage sind, *in* dieser Welt zu leben, aber nicht *von* dieser Welt zu sein. Wenn sie das nicht lernen, solange wir sie noch unterstützen, werden sie es ganz gewiss nicht lernen können, wenn sie das Elternhaus verlassen haben.

Bitte seien Sie nicht zu stolz, Hilfe zu erbitten. Dies kann für die Entwicklung und für das spätere Glaubensleben des Kindes einmal von entscheidender Bedeutung sein.

> *Seien Sie nicht zu stolz, Hilfe zu erbitten.*

Ich las einmal den Fragebogen einer Studie, in dem christliche Familien zu diesem Thema befragt wurden. Anhand einer Liste von verschiedenen Situationen sollten die Familien angeben, in welcher dieser Situationen sie am ehesten Hilfe von außen suchen würden. Die meisten Familien gaben an, dass sie in folgenden Situationen Hilfe suchen würden:

1. wenn mein Kind sich mit Alkohol oder Drogen einließe,

2. wenn mein Kind für eine lange Zeit traurig und depressiv wäre,

3. wenn mein Kind viele Fragen über Sexualität stellte,

4. wenn mein Kind häufig in Schwierigkeiten geriete,

5. wenn mein Kind zu viel Zeit mit Kindern verbrächte, die mir nicht gefallen, würde ich mich an ... wenden, um Hilfe zu bekommen.

Als Hilfsangebote, die sie in Anspruch nehmen würden, gaben sie in folgender Reihenfolge an:

1. *Verwandte*
2. *Freunde oder Nachbarn*
3. *einen Priester oder Pastor*
4. *einen Arzt oder Psychologen*
5. *einen Lehrer oder Schulpsychologen*
6. *eine Bürgerberatung oder eine städtische Beratungsstelle*

All diese Hilfsmöglichkeiten sind gut und sollten im Bedarfsfall in Anspruch genommen werden. Es gibt keine Super-Eltern, die für jedes Problem ihres Kindes genau die richtige Lösung parat haben.

Die besonderen Belastungen, denen christliche Eltern ausgesetzt sind

> *Sehr viele christliche Eltern glauben, dass ihre Kinder sich stets mustergültig benehmen sollten, und entwickeln starke Schuldgefühle, wenn sie diesen unrealistischen Erwartungen irgendwie nicht gerecht werden.*

Allen liebevollen Eltern liegt das Wohl ihrer Kinder am Herzen, aber christliche Eltern empfinden die Belastungen der Kindererziehung oft noch stärker als andere. Sie geben sich große Mühe, perfekte Eltern zu sein. Sie wollen das Allerbeste für ihre Kinder; sie wollen, dass sie in der Gesellschaft eine gute Position erreichen, und vor allem möchten sie, dass sie zu überzeugten Christen heranwachsen.

Sehr viele christliche Eltern glauben, dass ihre Kinder sich stets mustergültig benehmen sollten, und entwickeln starke Schuldgefühle, wenn sie diesen unrealistischen Erwartungen irgendwie nicht gerecht werden. Sie nehmen ihre Verantwortung als Eltern so ernst, dass sie auf lange Sicht Schaden anrichten, anstatt ihren Kindern einen guten Start ins Leben zu verschaffen.

Sie sind nicht perfekt. Eine der Säulen des christlichen Glaubens ist die Erkenntnis, dass niemand vollkommen ist außer dem Herrn. Die Tatsache, dass Gläubige die Möglichkeit haben zu versagen und Vergebung zu empfangen, ist eine Gabe Gottes. Wenn Sie bei sich selbst Schwächen im Umgang mit Ihren Kindern entdecken, sollten Sie Hilfe suchen.

Leider wird manchmal gerade bei Personen in leitender Funktion in einer Gemeinde das Bemühen deutlich, Kinder zur Perfektion zu erziehen. Das Syndrom des „Predigerkindes" ist allgemein bekannt. Es ist schade, wenn sie den Anspruch an sich stellen, in allen Dingen perfekt sein zu müssen, und das Gefühl haben, andere dürfen keine Fehler an ihrer Familie entdecken, weil sie Lehrer des Wortes Gottes sind.

Kinder, die in einer solchen Atmosphäre aufwachsen, nehmen großen Schaden. Sie werden von ihren Eltern unter Druck gesetzt, ein strenges geistliches Leben zu führen, und ihre Altersgenossen und die Gesellschaft üben noch zusätzlichen Druck auf sie aus. So kann es dann passieren, dass 25-Prozentler in Elternhäusern von christlichen Leitern unter Schuldgefühlen und unterdrückter Wut leiden, während die offene Rebellion von 75-Prozentlern wahrhaft spektakuläre Ausmaße annehmen kann. Eine christliche Mutter, die Ehefrau eines protestantischen Geistlichen, schenkte mir einen Einblick in das Leben eines solchen Kindes.

„Ich sage Ihnen, Dr.Campbell, Sie würden es nicht glauben, was ich von meinen armen Kindern erwartete. Jeden Tag sollten sie ‚Musterkinder' sein. Als sie im Grundschulalter waren, hielt ich es für meine moralische Pflicht, dafür zu sorgen, dass alle drei jedes Mal, wenn sich die Kirchentüren öffneten, mit gestärktem Kragen in der ersten Reihe saßen. *Meine* Kinder waren nicht laut und störten nicht. Sie waren tadellos angezogen und es war ausgeschlossen, dass sie vor dem Gottesdienst noch einmal spielen gingen.

Ich weiß jetzt, dass die beiden Jungen 25-Prozentler sind und

Janet ein 75-Prozentler. Peter und Kevin waren stets brave Kinder, aber Janet war ganz anders. Ich bin sicher, dass den Jungen meine Forderungen manchmal zuwider waren, aber sie beklagten sich nie.

Janet lehnte sich seit dem Tag ihrer Geburt gegen jegliche Autorität auf. Sie können sich vorstellen, wie sie auf diesen strengen Erziehungsstil reagierte. Als sie noch ein Kind war, hatte ich schon große Mühe, sie zur Einhaltung der Regeln zu zwingen. Als sie dann aber ins Teenageralter kam, erkannte ich, dass ich mein Denken ändern musste, weil Janet sich ganz gewiss nicht ändern würde."

„Welche Veränderungen nahmen Sie vor, Carol?"

„Nun, weil ich sah, wie Janet auf diese strenge Lebensführung reagierte, fragte ich mich zunächst einmal, ob die Jungen ebenso empfanden, ohne es mir zu sagen. Ich sprach mit meinem Mann Phil darüber. Bald wurde uns klar, dass wir die Kinder erstickten, um bei allen in der Gemeinde einen guten Eindruck zu machen. Wir versuchten, die großartigsten Eltern der Welt zu sein. In unseren Gesprächen über unser Verhalten entwickelten wir allmählich ein Verständnis für jedes einzelne der Kinder. Wenn wir unsere Kinder wirklich liebten, durften wir sie nicht mehr einengen, sondern mussten sie vielmehr durch Liebe und unser tägliches Vorbild behutsam zu leiten versuchen. Wir änderten unseren Erziehungsstil aber nicht radikal über Nacht, sondern begannen allmählich mit der Einführung des neuen Lebensstils.

Wenn die Jungen bei Freunden übernachteten und es am Sonntagmorgen nicht schafften, in den Gottesdienst zu kommen, brachen wir nicht wie früher in Panik aus. Ich konnte sehen, wie sie sich zunehmend entspannten, weil wir ihnen gegenüber weniger streng und fordernd auftraten. Als kleine Kinder waren die drei als Gesangstrio aufgetreten und wurden daher ständig aufgefordert, bei verschiedenen Gemeindeveranstaltungen zu singen. In der Vergangenheit hatten wir sie immer gezwungen, diesen Bitten nachzukommen. Janet lehnte sich stets dagegen auf. Jetzt haben wir den Druck von ihnen genommen, und sie können selbst entscheiden, welche Angebote sie annehmen und welche sie ablehnen wollen. Nun haben sie mehr Freude an ihrer Musik. Selbst Janet beschwert sich nicht mehr so viel über die Gesangsauftritte.

Die Jungen sind jetzt siebzehn Jahre alt und wir glauben, dass wir sie ohne allzu viele Wunden durch diese Zeit hindurchgebracht haben. Ich muss immer noch darauf achten, dass ich ihre ruhige Art nicht ausnutze, aber Phil und ich haben viel gelernt.

Janet ist vierzehn Jahre alt. Es wird nicht so einfach sein, ihr durch die nächsten Jahre hindurchzuhelfen, da bin ich ganz sicher. Erst letzten Sonntag schlenderte Janet im Schlafanzug in die Küche, als ich vor dem Gottesdienst noch rasch den Braten in den Backofen schob. Ich war entsetzt, dass sie noch nicht angezogen war und rief: ‚Warum hast du dich noch nicht für den Gottesdienst fertig gemacht?‘

Sie können sich meine Überraschung vorstellen, als sie die Hände in die Hüften stemmte und mir klipp und klar sagte, dass sie nicht die Absicht habe, in die Sonntagsschule oder in die Gemeinde zu gehen.

‚Aber Janet! Was ist nur in dich gefahren?‘, fragte ich.

‚Das ist alles so langweilig, Mutti, und ich habe es einfach satt.‘ Meine frühere Einstellung: ‚Du gehst, sonst …‘ wäre fast wieder durchgebrochen, aber bevor ich die ganze Situation vermasselte, schloss ich ruhig die Küchentür und bat sie, sich für einen Moment zu mir an den Küchentisch zu setzen. ‚Janet‘, sagte ich, ‚ich bedaure, dass du so denkst, aber ich finde es gut, dass du es mir gesagt hast. Meine Sorge ist jetzt nur, was die anderen in deiner Jugendgruppe denken werden, wenn du nicht kommst. Sind sie nicht enttäuscht, wenn du nicht kommst?‘

‚Wie meinst du das?‘, fragte sie.

‚Nun, unser Pfarrer verlässt sich zum Beispiel auf deine gute Bibelkenntnis. Ohne dich wird die Gruppe ziemlich ruhig sein.‘

Janet wollte etwas antworten, überlegte es sich dann aber anders. ‚Ich weiß, dass alles nach einer gewissen Zeit hin und wieder ermüdend werden kann, Janet‘, fuhr ich fort, ‚aber solltest du nicht erst einmal über das nachdenken, was ich dir eben gesagt habe, bevor du jetzt überstürzt eine Entscheidung triffst?‘

Es lag mir wirklich viel daran, dass sie mit uns zur Gemeinde kam, Dr. Campbell, aber diesmal wollte ich nichts erzwingen."

„Was kam bei dem Gespräch heraus?"

„Nachdem sie einen Augenblick über das Problem nachgedacht hatte, sprang sie eilig auf und lief aus der Küche. ,Ich muss mich beeilen, wenn ich noch mit euch mitfahren will', sagte sie."

Diese gläubige Mutter hat auf wunderbare Weise gezeigt, wie man in der Erziehung gesunden Menschenverstand anwenden sollte. Sie wusste instinktiv, dass es falsch gewesen wäre, Janet zum Gemeindebesuch zu zwingen, weil es unweigerlich zum Streit geführt hätte. Daher behielt sie einen kühlen Kopf. Sie hatte endlich gelernt, dass sie ihren Kindern ihren eigenen Lebensstil nicht aufzwingen konnte. Sie wusste, dass Verständnis und behutsame, liebevolle Anleitung der einzig richtige Weg war. Sie und Phil hatten versucht, „Supereltern" zu sein und so beinahe einen großen Scherbenhaufen angerichtet.

Als Carol und Phil endlich aufhörten, sich über die Meinung der Leute Gedanken zu machen, konnten sie ihren Kindern wirklich helfen, zu selbstständigen Menschen heranzuwachsen und ihre ganze Persönlichkeit zu entfalten. Auf diese Weise wurden ihre emotionalen, körperlichen, psychologischen und auch geistlichen Bedürfnisse gestillt.

Carol löste das „Ich-gehe-nicht-in-die-Gemeinde-Problem" anders als die Campbells, aber mit dem gleichen positiven Ergebnis. Das bestätigt, dass man nicht auf jedes Problem eine pauschale Antwort geben kann, sondern dass stets die jeweilige Situation und die Persönlichkeit der Beteiligten entscheidend sind.

Die emotionalen Signale des Kindes verstehen

Man sollte intuitive Reaktionen der Eltern nicht übersehen. Carol wusste ohne darüber nachzudenken, dass sie in dieser Situation auf Janet nicht mit Strenge reagieren konnte, und es funktionierte. Sie sollten Ihre intuitive Beurteilung einer Situation nie unterschätzen. Wenn sich die Mitglieder Ihrer Familie wirklich bemüht haben, einander in einer Atmosphäre bedingungsloser Liebe kennen zu lernen, werden sie intuitiv über die Fähigkeit verfügen, die grundlegenden Signale der Wut, der Furcht, der Nervosität und anderer Gefühle zu erkennen.

> *Sie sollten Ihre intuitive Beurteilung einer Situation nie unterschätzen.*

Wenn das noch nicht der Fall ist, kann Ihnen vielleicht der folgende Vorfall verdeutlichen, worum es geht:

Ruth Dawson kam eilig aus der Küche und lief mit einem Teller aufgeschnittener Tomaten in der Hand auf die Veranda. „So", sagte sie zu sich selbst, „für heute Abend ist alles vorbereitet."

Ihre Tochter Michelle folgte ihr nach draußen. „Kann ich irgendetwas tun, Mutti?", fragte sie.

„Nein, es ist schon alles fertig, Schatz. Geh und mach dich fertig. Du musst aufgeregt sein. Schließlich hast du Susie vier Jahre lang nicht gesehen. Ich wette, sie hat sich auch sehr verändert. Denk nur, ihr beide seid jetzt sechzehn Jahre alt."

„Ich brauche nicht so lange, um mich fertig zu machen, Mutti. Warum setzen wir uns nicht hin und trinken ein Glas Eistee, bevor sie kommen?"

„Ich habe keine Zeit, Michelle. Ich muss mir noch die Haare waschen. Ich kann mich ausruhen, wenn die Gäste da sind."

Michelle ging widerstrebend ins Haus und zog sich für den Abend um. Gerade als Ruth ihre Ohrringe anlegte, rief Michelle: „Sie sind da. Komm herunter." Rasch hatten die beiden Freundinnen das alte freundschaftliche Verhältnis wiederhergestellt, und Michelle und Susie fanden heraus, dass sie immer noch sehr viel gemeinsam hatten.

„Ich gehe besser hinein und sehe, ob ich Mutti helfen kann", sagte Michelle nach einiger Zeit. „Mutti, kann ich dir helfen?", fragte sie, als sie in die kühle Küche kam.

„Michelle, was machst du hier? Geh zurück und kümmere dich um Susie", meinte Ruth.

„In Ordnung." Michelle ging für einige Minuten hinaus, aber bald fand sie wieder einen Grund, um zu ihrer Mutter zu kommen.

„Ich weiß nicht, was mit Michelle los ist", sagte Ruth zu ihrem Mann, als der Besuch gegangen war. „Sie hat Susie seit Jahren nicht gesehen und doch wollte sie den ganzen Abend mit mir zusammen sein."

„Hast du sie gefragt?", erkundigte sich ihr Mann. „Vielleicht wollte sie mit dir über irgendetwas sprechen."

Als die beiden Gäste das Haus der Dawsons verließen, sagte Susie zu ihrer Mutter: „Mann, Michelle hat mir heute Abend wirklich Leid getan. Ihr Freund hat heute angerufen und ihr gesagt, dass er jetzt mit einem anderen Mädchen geht. Sie ist so unglücklich."

Ruth Dawson übersah die Notsignale, die Michelle an sie aussandte. Ihr gesunder Menschenverstand und ihre Intuition hätten ihr sagen sollen, dass etwas nicht in Ordnung war, aber sie war so damit beschäftigt, eine perfekte Gastgeberin zu sein, dass sie Michelle nicht die nötige Aufmerksamkeit schenkte.

> *Ein wenig gesunder Menschenverstand kann oft eine Sache ausräumen, bevor sie sich zu einem größeren Problem ausweiten.*

Damit möchte ich nicht sagen, dass Ihnen kein Gedanke und keine Handlung Ihres Kindes entgehen sollte. Das wäre völlig unrealistisch. Aber ein wenig gesunder Menschenverstand kann oft eine Sache ausräumen, bevor sie sich zu einem größeren Problem ausweitet.

Halten Sie die Kanäle der Kommunikation in Ihrer Familie offen.

Gehen Sie nicht einfach davon aus, dass Ihre Familie völlig in Ordnung ist, nur weil Sie und Ihr Partner nicht geschieden sind. Ein gesundes Familienleben erfordert Arbeit. Suchen Sie täglich Gottes Hilfe, verlassen Sie sich auf Ihren gesunden Menschenverstand und lieben Sie Ihr Kind so, wie Gott uns liebt – bedingungslos.

Die Zukunft stellt uns vor eine gewaltige Aufgabe

Wir als Eltern sollten uns vor Augen stellen, dass unser überlieferter kostbarer Glaube von Generation zu Generation weitergegeben werden muss. Viele fragen sich besorgt, warum wir solch große Schwierigkeiten haben, den Glauben von unserer Generation an die Generation unserer Kinder und Teenager weiterzugeben. Wie ich bereits in Kapitel 1 erwähnte, zeigen Untersuchungen in Amerika, dass nur ein kleiner Prozentsatz von Kindern, die in christlichen Elternhäusern aufwachsen, selbst überzeugte Christen werden.

Wir dürfen nicht zulassen, dass die Entwicklung, die insbesondere in Osteuropa unter kommunistisch-sozialistischer Staatsform stattgefunden hat, sich auch bei uns fortsetzt. Der Rückgang des geistlichen Lebens dort gleicht in besorgniserregendem Maße den in Richter 2 geschilderten Ereignissen. Diese Schriftstelle berichtet, dass die Israeliten in Josuas Generation Gott treu blieben, es aber versäumten, den Glauben auch an ihre Kinder weiterzugeben. „Und als auch jenes ganze Geschlecht zu seinen Vätern versammelt war, kam ein anderes Geschlecht nach ihnen auf, welches den Herrn nicht kannte, noch die Werke, die er an Israel getan. Da taten die Kinder Israel, was übel war vor dem Herrn, und dienten den Baalen und verließen den Herrn, den Gott ihrer Väter ..." (Richter 2,10-12).

Ihr Eltern, ich befürchte, dass sich dies auch in unserer Zeit ereignet. Ja, heutzutage wachsen wunderbare junge Christen heran, aber ihre Zahl und ihr Einfluss sind gering. Ihre Generation lehnt die Überzeugungen ab, die wir und unsere Vorväter hochhielten.

Die geistliche Schlacht wird verloren. Wo wird sie verloren? In unseren Familien. Ich bin begeistert von der Arbeit und dem Erfolg der Jugendgruppen und Organisationen, die sich dem Wohl unserer Jugend verschrieben haben. Aber selbst ihre Erkenntnisse, Statistiken und Erfahrungen bestätigen meine Aussagen. Die Erfolge ihres Dienstes können niemals die unzähligen Kinder wettmachen, die Jesus Christus nicht als ihren Herrn annehmen. Es ist spät, aber noch nicht zu spät. Wir können mit Gottes Hilfe das Steuer herumreißen, indem wir unsere Kinder auf die rechte Weise erziehen und auf die rechte Weise mit ihnen umgehen, sodass ihr Herz offen ist für eine persönliche Beziehung zu Jesus Christus und Gott sie für seinen Dienst einsetzen kann.

Ich habe versucht, Wege aufzuzeigen, wie das in jeder christlichen Familie möglich ist. Ich weiß, dass manche der dargestellten Prinzipien anderen Stimmen widersprechen. Daher werden sie von Christen abgelehnt werden, die harten und autoritären Methoden der Kindererziehung anhängen. Wir haben an Beispielen aus meiner Beratungstätigkeit gesehen, dass dieser autoritäre Erziehungsstil tragische Konsequenzen haben kann. Mich erstaunt, dass manche Erziehungsberater in den Vereinigten Staaten trotz ständiger dramatischer Verschlechterung der Situation unserer Jugend nicht zur Einsicht kommen und ihre Aussagen ändern.

Ich bete jedoch, dass Sie, liebe Eltern, dieses Buch unvoreingenommen gelesen haben (und hoffentlich wieder lesen werden) und seinen Inhalt mit der Gesamtaussage der Schrift vergleichen werden. Ich glaube, dass die Einsichten, die Sie dabei gewinnen, Ihnen mehr Klarheit darüber schenken können, welche Veränderungen in den meisten christlichen Familien vorgenommen werden müssen, um den Glauben an die nächste Generation weiterzugeben.

Gebt, was ihr habt, dann wird Gott euch so reich beschenken, dass ihr gar nicht alles aufnehmen könnt. Mit dem Maßstab, den ihr an andere legt, wird auch Gott euch messen (Lukas 6,38).